BeyondOltre

Renata Pisu
Maria Cristina Didero

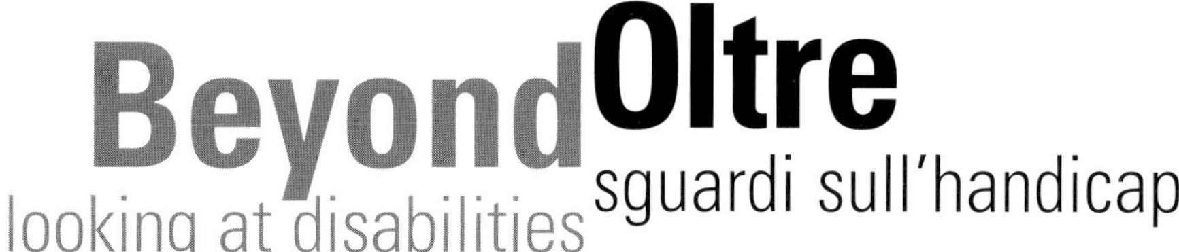

Beyond Oltre
looking at disabilities sguardi sull'handicap

photos Ugo Panella

CHARTA

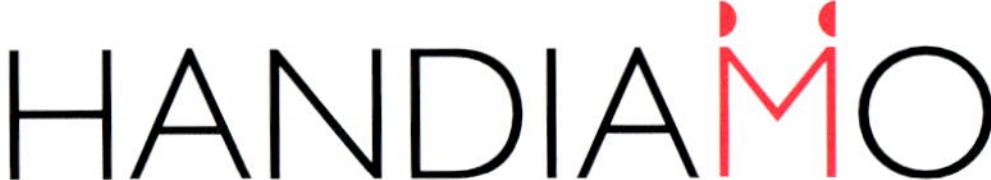

Questo libro è stato sognato, voluto e prodotto dall'Associazione Handiamo!
This book has been dreamed, wanted and produced by the Handiamo! Association

Il Progetto Handiamo!

Scopo di tutte le iniziative dell'Associazione Handiamo! è indebolire la principale fra tutte le barriere (architettoniche, sociali, ecc.): la barriera culturale! Ci adoperiamo per diffondere la cultura dell'integrazione, che è un valore fondamentale per la crescita morale e sociale della società, utilizzando il canale privilegiato della comunicazione.

Sino allo scorso anno, il progetto Handiamo! ha promosso, prevalentemente, la "presenza totale" dello sport adattato sul territorio: gli impianti sportivi sono stati portati nelle piazze affinché il maggior numero possibile di persone potesse vedere le manifestazioni sportive con atleti disabili.

Grazie alla collaborazione con la Federazione Italiana Sport Disabili, eventi promozionali e agonistici, internazionali o di rilevanza locale hanno dato un notevole contributo alla nostra azione. Coloro che non avevano mai avuto l'opportunità di avvicinare queste realtà sportive, vedendo le potenzialità del "per tutti" ne sono rimasti affascinati.

Partendo proprio da questo libro, il nostro progetto continua per i prossimi anni con ambizioni più ampie, non solo nello sport ma anche nell'arte, nella tecnologia, nella formazione e nello spettacolo: tramite tutto ciò che ci permetterà di comunicare che la persona disabile è una risorsa. Dobbiamo quindi saperla utilizzare rispettandola con dignità.

Il mondo della scuola sarà partner privilegiato del progetto Handiamo!: i giovani, futuri gestori della nostra società, avranno il compito di impostare, con sempre maggiore attenzione, ciò che oggi noi vogliamo comunicare.

I giovani sapranno andare… oltre.

Il nostro progetto Handiamo! avrà sempre più appuntamenti e tappe affinché la società non pensi, se non in modo normale, alla disabilità e a tutte quelle forme di limitazione di vita che inducono, oggi, a pensare che non si possa andare… oltre. Noi continueremo ad andare oltre, grazie alla collaborazione di tanti amici che credono nelle nostre iniziative, primo fra tutti il Presidente della Repubblica Carlo Azeglio Ciampi con la sua adesione al nostro progetto Handiamo!

Grazie

The Handiamo! Project

The goal of all of the Handiamo! Association's activities is to weaken the barriers that come from preconceived ideas (architectural, social, etc.): namely, Cultural Barriers! We do our best to spread the culture of integration—a basic value for the moral and social growth of society—using the privileged channels of communication.

In previous years the Handiamo! Project had primarily promoted the "total presence" of adapted sports in Italy: athletic equipment was brought into piazzas so that a greater number of people could see disabled athletes participate in sporting events.

Thanks to the collaborative efforts of the Federazione Italiana Sport Disabili, local and international promotional and competitive events have significantly contributed to our fight. People who had never before witnessed these athletic realities have been fascinated by the potential "for everyone."

Beginning with this book, our project will continue in the coming years with even broader ambitions, not only in sports, but also in the arts, technology, performance and education—everything that allows us to communicate that disabled people are a resource. We must therefore learn to utilize them while respecting their dignity.

The educational world will be a privileged partner of the Handiamo! Project: young people, the future administrators of our society, will have the task of defining what we want to communicate today with increasing care.

Young people will know how to move…beyond.

Our Handiamo! Project will have more and more phases and activities until eventually society will not think about disabilities and other kinds of limitations in life as things that prevent people from going…beyond. We will continue to go beyond, thanks to the collaboration of many friends who believe in our goals, most of all the President of the Republic, Carlo Azeglio Ciampi, with his support of our Handiamo! Project.

Thank you

Progetto grafico/Design
Gabriele Nason

Coordinamento redazionale
Editorial Coordination
Emanuela Belloni
Elena Carotti

Redazione/Editing
Giorgia Kapatsoris
Charles Gute

Traduzione/Translation
Harlow Tighe

Copy e Ufficio stampa
Copywriting and Press Office
Silvia Palombi Arte&Mostre, Milano

Grafica Web e promozione on-line
Web Design and Online Promotion
Barbara Bonacina

Copertina/Cover
Vanessa Fermi, Centro Montetauro,
Coriano, Rimini

Edizioni Charta
via della Moscova, 27
20121 Milano
Tel. +39-026598098/026598200
Fax +39-026598577
e-mail: edcharta@tin.it
www.chartaartbooks.it

Printed in Italy

Oltre
Sguardi sull'handicap

Mostra itinerante presentata
a Milano dal 4 al 9 dicembre 2003,
presso lo spazio East End Studios
Traveling exhibition presented in Milan
from December 4-9, 2003 at the East
End Studios space.

Ideazione e progettazione
Concept and design
Associazione Handiamo!

Mostra e catalogo a cura di
Curator and catalogue editor
Maria Cristina Didero

Produzione/Production
Sonia Venturelli, Marisa Barbani

Allestimento/Installation
Studio MT, Roma

Stampe/Prints
Parolini, Milano

Coordinamento/Coordination
Sonia Venturelli

Ufficio stampa/Press Office
Something More, Milano

Si ringraziano/We would like to thank

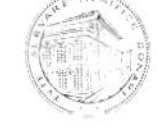

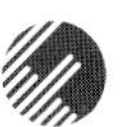

FONDAZIONE CARIPLO

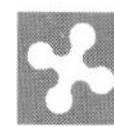

Fondazione
Fiera
Milano

RegioneLombardia

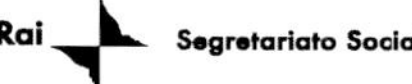

La mostra e il catalogo sono stati
realizzati grazie alla collaborazione di
The exhibition and the catalogue are
made possible with the contribution of

Mohamed San Ali

Giacomo Alvino e la madre/and his
mother Silvana Alfano

A.La.t.Ha Onlus, Milano

Simona Angioni

Allevamento Romagnolo, Coriano
di Rimini
Giuseppe Colombari, Claudia Bonizzato,
Fabiana Fini

Associazione Gaetano Negri, Milano

Giannetto Bracconi
e la moglie/and his wife Luisa

Cascina Rossago, Fondazione Genitori
per l'Autismo, Ponte Nizza

Mara Ceglia

Centro Ippico di Arzago

Centro Protesi INAIL, Vigorso di Budrio
Ezio Sermasi, Simone Stefani,
Simona Amadesi, Michela Gualandi

Clubmarine, Riccione
Devis De Virgilio, Sonia e Daniel,
Stefano Somigli, Nicchio

Giacomo Colombo, Presidente FISD,
Regione Lombardia

Cooperativa Cassiopea, Trieste

Cooperativa La Goccia, Villa Verucchio
Susanna Succiti, Angelo Maroni

Cooperativa La Locomotiva, Foligno

Comunità Montetauro, Coriano
di Rimini
Caterina, Francesco, Anita, Loretta,
Vanessa, la nonna di Vanessa/Vanessa's
grandmother e il padre/and her father
Fabio Fermi

Flavio Del Monte

Alvise De Vidi

Fondazione Don Carlo Gnocchi, Milano
Fabio Savoldini, Michele Campanello,
Cristinano Dong

Barbara Gandini e tutta la sua grande
famiglia/and all her big family

Gabriella Holzinger

Nicola Longo

Ladri di Carrozzelle

Antonietta Laterza

Michele Maffei

Kicca Menoni

Luce Sul Mare, Viserba di Rimini
Stefania Ceredi, Omar Gobbi, Susi Ferrari

Christian Minutoli e i ragazzi della/and
the young people of the/Associazione
Handicap: Su La Testa!, Milano

Sol et Salus, Viserba di Rimini
Pier Paolo Balli, Luca Toccaceli,
Daniele Mazzoli, Antonio Piani,
Loredana Natali, Filli Fabozzi,
Francesco Paolo Menditto

Assunta Signorelli e il/and the Teatro
Stabile del Friuli Venezia Giulia

Matteo Schianchi

Stefano Somigli – Skiman Service,
Cortina

Nazionale Italiana Disabili Sci Nautico
Tommaso Di Pilato, Claudio Riva,
Giancarlo Cosio.

Nazionale Italiana Disabili Sci Alpino
Fabrizio Zardini, Emanuele Panini,
Davide Corazza, Florian Planker,
Luca Muraffio, Vinicio Vescovi,
Dino Stucchi, Christian Lanthaler,
Gianfranco Martin

Roberto Manoelli

Anna Maria Panza Arpinati

Leardo Piscaglia, e soprattutto sua
moglie/and particularly his wife

Fabio Presca

Antonella Ravagnan

Ruggero Vilnai

Un ringraziamento speciale a
Special thanks to

Marisa Barbani

Stefano Costa

Silvia Costa

Lucio Favaretto

Linda Casalini

A me è capitato per caso.
Paolo, atleta di serie B, si è dovuto confrontare per caso con Gigi,
atleta non vedente, che voleva allenarsi per partecipare a una
gara di atletica leggera.
I nostri fiati dovevano correre all'unisono, io ero i suoi occhi ma
lui era la mia energia, la mia voglia di vincere.
100 metri avevano cambiato repentinamente il mio modo di
considerare l'handicap: tangibili i limiti, ma sconosciute, seppur
affascinanti, le potenzialità.
È iniziato un percorso in salita: la ricerca di coniugare i veri
valori sociali ad azioni comunicative efficaci tali da attirare,
anche solo per un attimo, l'attenzione della gente, per smuovere
l'opinione comune che vede il disabile sempre e solo "poverino" e
mai, innanzi tutto, persona.
Da uomo appassionato di sport – di quello vero, fatto di sacrifici e
pochi riscontri – so che la determinazione porta a raggiungere
obiettivi assolutamente insperati e quindi ho raccolto le forze per
riuscire a fondere volontariato e professionalità, istituzioni e
marketing intorno a un obiettivo.
Tanti amici ci hanno creduto ed è nata Handiamo!
La finalità di tutte le nostre iniziative è indebolire la principale
tra tutte le barriere – quella culturale – per diffondere la cultura
dell'integrazione, valore fondamentale per la crescita morale e
sociale della società.
Lo facciamo utilizzando le regole della comunicazione e
considerata la valenza dello sport da lì abbiamo iniziato.
Handiamo! infatti, ha finora promosso la presenza totale dello
sport adattato sul territorio. Molti, che non avevano mai avuto
l'opportunità di avvicinare queste realtà sportive, vedendo le
potenzialità del "per tutti" ne sono rimasti affascinati.
Tra loro Lucio, Sonia, Cristina, Renata, Stefano, e Giuseppe
hanno deciso di unire le forze per portare il loro "testimone", per
correre con noi una frazione di questa immaginaria staffetta.
Altri potranno conoscere e capire, altri guardando queste
immagini prenderanno a loro volta il "testimone" per proseguire
la corsa.
Ugo intanto ha voluto essere lo sguardo di tutti.
Il suo obiettivo ferma l'attenzione, il nostro fiato per un attimo,
aprendoci un orizzonte davvero nuovo, stavolta sì, "diverso"!
È nato il libro.

Paolo Conte
Presidente Associazione Handiamo!

It all happened to me by accident.

Paolo, a second division athlete, by chance met Gigi, a blind athlete, who wanted to train for a track and field event.

Our breath raced in unison; I was his eyes, but he was my energy, my desire to win.

One hundred meters unexpectedly changed my way of thinking about the disabled: the tangible yet unknown limits and fascinating possibilities.

An uphill climb began: the quest to combine true social values with communicative action that would draw people's attention, even just for a moment, in order to shift the common view that always sees the disabled as a "poor thing," and never, first, as a person.

As a man passionate about sports—the real kind made up of sacrifices and few acknowledgments—I know that determination leads to achieving absolutely unanticipated goals. I therefore brought together and blended voluntary work, professionalism, institutions and marketing around a goal. A lot of friends believed in it, and Handiamo! came into being.

The aim of all of our activities is to dissolve cultural barriers in order to spread the culture of integration, a fundamental value for the moral and social growth of a society. We achieve it by utilizing the principles of communication and bearing in mind the values of athletics, from which it all began. In fact, Handiamo! promotes the total presence of adapted sports in the nation. Many people, who had never had the opportunity to approach the reality of athletics, saw the potential "for everyone" and were hooked. Among them, Lucio, Sonia, Cristina, Renata, Stefano and Giuseppe decided to unite forces and pass on their "baton," to run part of this imaginary relay race with us.

Others will be able to learn and understand and, in looking at these images, will in turn take up the "baton" to carry on the race.

Meanwhile Ugo wanted to be everyone's eyes. His lens grabs your attention, stops your breath for a second, truly opening a new horizon. And this time, yes, a "different" one!

The book was born.

Paolo Conte
President, Associazione Handiamo!

Sommario / Contents

Un viaggio all'interno dell'handicap

Renata Pisu

Mai avrei pensato che viaggiare in treno potesse essere un'impresa. Non per me, non per "noi altri", al massimo infastiditi dai ritardi: minuti, ore delle nostre esistenze buttati via, ma sempre recuperabili. Viaggiare in treno, la noia, la lettura di un giornale, di un libro, niente di eccezionale, il tran-tran quotidiano in questa nostra prospera parte del mondo dove le storie infami – di dolore, guerra e morte – ci sfiorano appena, immagini di un altro mondo lontano che la televisione ogni tanto ci mostra e ci appaiono sfocate, irreali. Ma altra cosa è vedere da vicino, esserci, privilegio e gravoso impegno di chi fa per mestiere il cronista, l'inviato nelle catastrofi.

Mai mi era accaduto prima che qualcuno mi proponesse, come è successo per questo libro, di compiere, invece, un viaggio in tempo di pace, cioè nella "normalità", in Italia, nel mio paese; e di accorgermi di come la "normalità" potesse essere, per tanti uguali/diversi, una corsa a ostacoli, un percorso di "staordinaria abilità". Eppure, anche le immagini – e le storie, soprattutto le storie – di questi uguali/diversi ci sfiorano appena, come se appartenessero a un altrove lontano da noi. Invece sono qui, di faccia a noi, in treno, in autobus, per la strada.

Viaggiando per l'Italia, alla ricerca dei protagonisti di questo progetto, abbiamo incontrato, certo, i primi della classe. Coloro che per la loro consapevolezza e per il loro coraggio hanno saputo superare i limiti imposti dal fisico o dalla mente per eccellere nello sport, nella moda, nella cultura, o per vivere semplicemente la loro vita al meglio, senza eccellere in nulla.

Penso che ne sia venuta fuori, grazie alle immagini di queste donne e questi uomini, sia pure ritratti nella loro individualità, una specie di foto di gruppo, lo spaccato di una realtà nascosta. È come se l'obiettivo di Ugo Panella getti un fascio di luce sull'handicap, lo illumini in una umana e partecipe prospettiva che sicuramente aiuta a capirne le dimensioni. Ma non soltanto, non è questo il punto.

Qui si va Oltre. Queste fotografie ci aiutano a comprendere la staordinarietà della banalità quotidiana, del trascorrere di minuti, ore, giorni di tante vite. Perché la grande straordinarietà di queste Francesca e di questi Gianni o Giacomo sta proprio nel fatto di essere riusciti a condurre una vita quotidiana normale – banale? – oltre il loro limite fisico.

Mi rivedo in treno, in viaggio verso Napoli per andare a incontrare Giacomo: seduta normalmente in un vagone di seconda classe, per la prima volta mi soffermo a riflettere su quanto e quale spazio è stato riservato ai disabili su questa vettura. Tre scalini, quattro scalini, probabilmente una porta del bagno troppo stretta. Non ci avevo mai fatto caso. Non mi ero mai resa conto che la normalità potesse essere tanto punitiva, tanto richiedente nei confronti degli uguali/diversi. Forza! Coraggio! Inerpicati! Fatti portare a braccia da un amico!

Il treno te lo devi conquistare!

Le campagne di normalizzazione e di standardizzazione che pervadono il nostro mondo ci spingono a cercare nell'uguaglianza e nell'omogeneità la chiave per vivere tutti insieme, e per farlo bene, al meglio. Questo progetto, invece, nelle foto fatte di bianco e nero e di contrasti accesi, non vuole dimostrare questa tesi, anzi la combatte con forza. Non è possibile considerare questi "eccezionali" uomini e donne come tutti gli altri, i normodotati. La loro differenza, sarebbe retorico affermarlo, non sta nemmeno nelle medaglie che portano al collo, nella capacità di scalare una montagna senza l'uso delle gambe, nel capire chi hai davanti senza poterlo vedere. La loro diversità risiede nella vita che li ha colpiti e nel limite, fisico o psichico, che in qualche modo gli è capitato avere. Sarebbe terribilmente ingenuo e ipocrita considerare queste Francesca e questi Giannetto e Giacomo come persone "normali", con l'accezione più banale che il termine prevede.

Che atteggiamento assumere davanti all'immagine di un ragazzo immobilizzato su di una sedia a rotelle che disegna al computer modelli di alta moda? Distogliere lo sguardo per indifferenza, o per paura, paura che la sua condizione, in qualche modo, ti contagi, ti faccia del male? Oppure, cedere al gusto del voyeurismo e fissarlo, fissarlo a lungo? Anche cercare una spiegazione ingegneristica alla linea retta seguita da un nuotatore che ha perso metà del suo corpo da bambino, fa parte di quel comune voyeurismo, una perversione – chiamiamola pure così senza aver timore delle parole crude – che pervade molte delle ore passate davanti allo schermo televisivo o navigando in Internet, alla ricerca di emozioni forti che eccitino le nostre vite deboli.

Questo libro insegna a andare... Oltre. A chi? A noi, più o meno normodotati – ma chi stabilisce la norma? – perchè loro, gli uguali/diversi, sono già Oltre. Oltre ma non Altrove. Vivono tra di noi, con noi, come noi, la loro vita quotidiana: comprano il pane, prendono il treno, vanno al cinema, ai concerti rock. Come noi abitano gli spazi, vivono la vita che, per tutti, è un evento "unico e irripetibile".

I ritratti di Ugo Panella cercano la verità nei loro volti; la deformità, qualora ci sia, non lo attira e nemmeno gli ripugna. La sua esperienza di fotografo impegnato nel sociale gli ha insegnato come fissare sulla pellicola uno stato d'animo e una situazione, come l'immagine sa fare meglio, spesso, della parola. Sono immagini vere perché nate dalla costruzione di un rapporto sincero con i protagonisti, dall'aver condiviso e vissuto con questi uomini e donne il tempo di una giornata normale nel loro luogo di passeggio, nella loro acqua di regata, nella loro spiaggia preferita. Questi ritratti non cercano pietà e non vogliono elemosine di tempo o di denaro. Vogliono che queste vite siano riconosciute per quello che sono. Diverse, come ogni essere umano è diverso dall'altro, nella gioia, e nella tristezza, nel quotidiano e nell'eccezionale.

A Voyage Inside the World of the Disabled

Renata Pisu

I never would have imagined that traveling by train could be such an undertaking. Not for me, not for "others." At most we are irritated by delays: minutes, hours of our lives wasted but always recoverable. Traveling by train means boredom, reading a newspaper, a book, nothing exceptional—the daily grind in this prosperous part of the world where appalling tales of pain, war and death barely touch us—looking at images of another faraway world sometimes shown on television, seemingly vague and unreal. But it's another thing altogether to see it up close, to be there. It's a privilege and a serious commitment for those who work as journalists, the correspondents of catastrophe.

But that was before I was asked, as I was for this book, to travel in peacetime, "normal" times, in Italy, my country, to discover how "normality" can be an obstacle course for many people who are the same yet different—a journey requiring extraordinary skill. And yet even the images—and especially the stories—of these same/different people barely touch us, as if they belonged to a place far removed from us. But they're here, face to face with us, on the train, the bus, the street.

Traveling through Italy, searching for the subjects for this project, we certainly met the cream of the crop. People whose knowledge and courage enabled them to overcome the limits imposed by their bodies or minds, excelling in sports, fashion, culture, or simply living their lives to the max, without excelling in anything in particular.

The images of these women and men have resulted, I think, in portraits of them both as individuals and as a group, a cross-section of a hidden reality. It's as if Ugo Panella's camera threw a beam of light on being disabled, illuminating it from a human and participatory perspective that undoubtedly helps clarify its dimensions. But that's not all; that's not the point. It goes further. These photographs help us understand the extraordinary during ordinary times; they let us experience the minutes, hours and days of many lives. Because the extraordinary thing about Francesca, Gianni or Gicacomo lies in successfully leading normal/ordinary lives that are beyond their physical limitations.

I see myself again on the train, traveling towards Naples to meet Giacomo. Seated normally in a second-class car, for the first time I stop to reflect on what and how much space is reserved for the disabled on this vehicle. Three steps, four steps, probably a bathroom door that's too narrow. I had never noticed. I had never realized that normality could be so punishing, so demanding for those who are the same/different. Come on! Take heart! Climb aboard! Get a friend to carry you up!

You have to conquer the train!

The campaigns for normalization and standardization that pervade our world have led us to seek equality and homogeneity as the key to living together, and to doing so well, in the best way possible. Panella's high contrast black-and-white photos, however, do not demonstrate this thesis, but instead fight it. It's impossible to see these "exceptional" men and women like all others, the "normally abled." The difference—it would be rhetorical to point it out—does not lie in the medals they wear around their necks, in their ability to climb mountains without the use of their legs, in understanding who is in front of them without being able to see them. Their diversity lies in the life that has been handed to them, and in the physical and psychological limits that in one way or another they happen to have. It would be terribly ingenuous and hypocritical to consider Francesca, Giannetto and Giacomo as "normal" people, with the most ordinary meaning attached to the term.

What attitude should we adopt before the image of a young man immobilized in a wheelchair, designing high fashion on a computer? Should we look away out of indifference or fear, fear that his condition is in some way contagious, can hurt us? Or should we give in to the draw of voyeurism and stare at him, stare at him at length? Even seeking an engineering explanation for the straight line followed by the swimmer who lost half his body as a child is part of that voyeurism, a perversion—let's call it that without fearing harsh words—that pervades the many hours spent in front of the television screen or navigating the Internet, seeking strong emotions to stir our weak lives.

This book teaches how to go…Beyond. Teaches who? Us, the more or less "normally abled" (but who establishes what is normal?) because they, the same/different, are already Beyond. Beyond but not elsewhere. They live their daily lives among us, with us, like us: they buy bread, take the train, go to movies, rock concerts. Like us, they inhabit spaces, live lives that are "unique and unrepeatable" events.

Ugo Panella's portraits seek truth in these faces. The deformity, whatever it might be, neither attracts nor repels him. His experience as a socially committed photographer has taught him how to translate onto film a state of mind and a situation, which the image often does better than the word. The images are truthful because they are the result of a sincere rapport with their subjects, of having shared and lived with these men and women, of having passed a normal day where they spend time, in the water where they compete in regattas, on their favorite beaches. These portraits do not seek pity, charity, time or money. They want these lives to be recognized for what they are: different in the way that every human being is different, in all its joy and sadness, in the mundane and in the exceptional.

Tre storie
Maria Cristina Didero

Francesca Porcellato

Francesca Porcellato: quattro olimpiadi, due ori, un argento, due bronzi, 80 maratone, un'infinità di altri premi e riconoscimenti.

Francesca ha 33 anni ed è costretta su una sedia a rotelle da quando ne aveva sei.

All'età di 18 mesi, mentre giocava nel giardino di casa, la manovra azzardata di un camionista che la scambia per una bambola – testuale dichiarazione rilasciata in tribunale – le spezza la spina dorsale. Lesione dorsale permanente. Dopo un processo durato più di ventisette anni e risoltosi in un bluff, Francesca è ancora su una sedia a rotelle, ma non si arrende. Francesca non vuole camminare. Francesca vuole correre, e ci riesce sempre con la sua sedia a rotelle.

E racconta della sua vita con una semplicità disarmante. Racconta delle difficoltà e delle persone che le hanno riempito il cuore. Racconta che da bambina, in chiesa, nell'avvicinarsi all'inginocchiatoio per pregare come facevano tutti gli altri bambini, cadde facendo rumore; una suora le si avvicinò e picchiandola le disse che "con tutto quel rumore stava svegliando Dio!" Evidentemente Francesca era figlia di un dio minore.

A sedici anni inizia a correre in carrozzella, per gioco, e a cronometrarsi da sola. Presto gli amici la spingono all'agonismo. Iniziano gli allenamenti di maratona, fondo e mezzo fondo. I risultati ci sono e serve un personal trainer. È l'allenatore della nazionale disabili, che diventerà poi suo marito. Indossa la divisa della nazionale. Partecipa a sette para-olimpiadi, da Seul a Sydney e sale inesorabilmente sul podio. Partecipa per due volte alla maratona di New York, dieci volte a quella di Berlino, arriva prima a quella di Londra del 2003.

La sua vita è lo sport. Continua ad allenarsi a Valeggio sul Mincio, dove si è trasferita dopo il matrimonio. Non ama farlo in pista perché troppo monotona; "la riva del Mincio è più stimolante e il maggior contatto con la natura mi dà ancora più forza."

È allegra e sorridente quando la incontriamo, con grandi occhi azzurri e una coda di capelli rossi. Le serve un intero armadio e una piccola stanza per contenere tutte le coppe, le medaglie e i premi ricevuti, tra cui la Mela d'Oro di Marisa Bellisario per "Sport Oltre I Limiti" nel 2003 e il premio Gazzetta dello Sport 2002, le medaglie della maratona di Londra, Berlino, New York e Parigi, la Nomination al Cangrande della Scala di Verona.

Questa è Francesca Porcellato: quattro olimpiadi, due ori, un argento, quattro bronzi, 80 maratone, un'infinità di altri premi e riconoscimenti.

Giacomo Alvino

Giacomo Alvino, 31 anni, nasce con una grave malformazione motoria, che gli ha danneggiato i centri nervosi, dovuta, dicono, a un problema durante il parto.

Il cervello di Giacomo è perfetto, l'uso della lingua italiana anche. La creatività e la fantasia un dato di fatto, così la provocazione.

Paralizzato, vive e lavora su una sedia a rotelle. Non ha l'uso della parola. Movimenti delle braccia impulsivi e privi di coordinamento. Riesce a muovere con precisione solo il ginocchio destro che, collegato a uno speciale sensore, gli permette di trasmettere impulsi al suo computer, e selezionare sul display le lettere dall'alfabetario per poi comunicare.

Giacomo ha sempre voluto disegnare, fin da piccolo, quando la madre lo ha iscritto a una scuola statale dove ha imparato, a modo suo, a scrivere e a leggere insieme agli altri bambini. Studia a Napoli, all'Istituto Europeo del Design, si diploma nel 1995 con il massimo dei voti e scopre di avere un sogno: lavorare nel mondo della moda. E lo fa. Oggi tiene un corso per stilisti presso il consorzio cittadino LE.CO.LE e crea alta moda per la maison romana Gattinoni. Disegna vestiti con l'aiuto del computer, segue la fase sartoriale e partecipa alle sfilate.

Debutta con la moda romana, nella stagione 2003, presentando la sua *Electric Attraction*, una donna affascinante e cibernetica che cammina avvolta in 100 metri di filo luminoso collegato a una presa di corrente dalla quale si libererà solo in un secondo momento, per sentirsi finalmente se stessa. Sganciandosi dalla spina che le dà energia e vita, esce dagli stereotipi sociali, dalla realtà e dalla circostanza nella quale è costretta. Proprio come il suo creatore. Un appello al sapersi accettare nella differenza che la vita ha deciso, una rivolta contro le imposizioni dettate dal sistema, prima fra tutte quello della moda: mondo ovattato, regno della bellezza e della perfezione.

"Le persone diversamente abili", spiega Giacomo, "sono fonte di energia e di vita. È il messaggio che mi è stato trasmesso dalla mia famiglia e dai miei amici, dai miei compagni di scuola e dai miei docenti. Sto scrivendo un libro sulla mia storia, ho molti sassolini nelle scarpe da togliermi ma anche tante persone da ringraziare, senza le quali non sarei arrivato a essere quello che sono."

La performance romana della donna futurista che si nutre di energia alternativa attraverso l'abito-scultura, trascrive la speranza di Giacomo in un futuro libero da discriminazioni. "La vita è piacere reale", dice. "E il mondo scintillante della moda riesce a trasmettermi tutto questo, facendomi sentire vivo."

Giannetto Bracconi

Giannetto Bracconi, 65 anni, ateo e comunista, non vedente, vive a Rimini.

Ha insegnato storia e filosofia al liceo scientifico Einstein per 40 anni. La sua figura è imponente, barba bianca e sorriso. Adora viaggiare, il mare e la montagna. E adora la gente, il confronto, il sapere.

Nel dopoguerra, all'età di sette anni, salva un bambino che gioca con una bomba, strappandogliela dalle mani; la bomba gli esplode vicino al viso e gli procura la progressiva perdita della vista.

Parla di film e musei, ricorda perfettamente il profilo delle montagne di Cortina, conosce alla perfezione strade e autostrade d'Italia e d'Europa. Si interroga su cosa sia la normalità, non gli piace la definizione di *normale e anormale*, come e quando ci si possa considerare tali.

"Quando si è normali, quando non ci manca niente? Ognuno di noi ha paranoie e anomalie. C'è chi si lascia travolgere dalla depressione per problemi superflui o chi si agita più del dovuto nell'affrontare il quotidiano. Non esiste uno standard di normalità." Giannetto *vede* a modo suo e vede per davvero il nostro mondo, quello della realtà tangibile che i normodotati vedenti hanno davanti. Immagina quello che noi siamo "costretti a vedere non avendo via di scampo", ironizza. Lui, invece può vedere come desidera, immaginare come crede, non essendo "dominato dal mondo medesimo ma dominandolo nella sua mente." "Le persone menomate sono più portate alla riflessione, alla profonda valutazione delle cose della vita, con una più attenta considerazione dei fatti", dice.

Sostiene che il limite dell'handicappato sia la pigrizia, vero nemico di chi si adagia in una situazione inesorabile e irreversibile di mancanza. "I disabili devono studiare più degli altri, esigere da se stessi più degli altri, e combattere di più, perché svantaggiati in partenza." Un alunno disabile viene frequentemente esonerato dal sapere *tutta* la lezione, poiché il pietismo dell'insegnante lo rende diverso. Prima forma di razzismo che i normodotati operano nei confronti dei disabili. Bracconi è convinto che le persone disabili dovrebbero frequentare istituti specializzati. "Quando all'inizio degli anni Settanta gli istituti speciali sono stati chiusi per inserire i disabili nella scuola statale e favorirne la socializzazione, si è commesso un grave errore." Un disabile necessita di trattamenti diversi, di altri metodi di educazione che solo persone come lui, che hanno già appreso, possono trasmettere.

Inoltre le persone non vedenti – che Bracconi preferisce chiamare ciechi, libero dal non necessario pudore al quale il contemporaneo uso dei termini ci costringe – devono sapersi accettare con ironia e trovare una loro strada esattamente come i normodotati.

Sono la curiosità, l'esperienza e la cultura a rendere i portatori di handicap uguali agli altri. La curiosità, l'esperienza, la cultura e la politica.

Three Stories

Maria Cristina Didero

Francesca Porcellato

Francesca Porcellato: four Olympic games, two golds, a silver, two bronzes, eighty marathons and an infinity of other prizes and awards.

Francesca is thirty-one years old and has been confined to a wheelchair since she was six.

When she was eighteen months old, playing in the garden of her home, the reckless maneuver of a truck driver who thought she was a doll—according to the printed declaration released by the courts—broke her back. Permanent cervical damage. After a trial that lasted more than twenty-seven years and ended in a bluff, Francesca is still in a wheelchair, but hasn't given up. Francesca doesn't want to walk. Francesca wants to run, and succeeds in her wheel chair.

She tells of her life with a disarming simplicity. She tells of the difficulties and the people who have filled her heart. She tells how as a child in church, as she approached the prie-dieu to pray like all the other children, she noisily fell down. A nun came up and hit her, saying, "With all this noise, you'll wake God!" Apparently Francesca was the child of a lesser God.

At sixteen she began to run in her wheelchair for fun, and to time herself alone. Soon her friends pushed her towards competitive racing. Training for long-distance and short marathons began. There were results and a personal trainer was called for. The national trainer for the disabled became her second husband. She wore the national uniform. She has participated in seven Special Olympic games, from Seoul to Sydney, and inexorably climbed the platform. She has participated four times in the New York marathon, two times in the Berlin marathon.

Her life is sports. She continues to train in Valeggio sul Mincio where she moved after her marriage. She doesn't like to train on the track because it's too monotonous: "The banks of the Mincio are more stimulating and the closer contact with nature gives me even more strength."

She is happy and smiling when we meet, with large blue eyes and a red pony tail gathered at her back. She needs an entire closet and a little room to hold all her trophy cups, medals and prizes, including the Mela d'Oro (Golden Apple) from Marisa Bellisario for "Sports Beyond the Limits," the *Gazzetta dello Sport* Award, the medals from the 2003 London and Paris marathons, and the Nomination to Cangrande della Scala of Verona.

This is Francesca Porcellato: four Olympic Games, two golds, a silver, two bronzes, eighty marathons and an infinity of other prizes and awards.

Giacomo Alvino

Giacomo Alvino, thirty-one years old, was born with a serious motor deformity that damaged his nerve centers, a condition believed to have been caused by a problem during delivery.

Giacomo's brain is perfect, as is his use of the Italian language. His creativity and imagination are a given; thus the challenge.

Paralyzed, he lives and works in a wheelchair. He cannot speak. He has involuntary arm movements and lacks coordination. He manages to move only his right knee with precision. Connected to a special sensor, it allows him to transmit impulses to his computer, and select letters of the alphabet in order to communicate.

Giacomo wanted to draw since he was a child, when his mother enrolled him in a state school where he learned in his own way to read and write along with other children. He studied in Naples at the European Institute of Design, graduated in 1995 with the highest honors, and discovered that he had a dream: to work in the world of fashion. And he does. Today he holds a course for designers at the LE.COLE civic consortium and creates high fashion for the Roman house of Gattinoni. He creates clothing with the help of the computer, follows the dressmaking phase and attends the fashion shows.

He debuted on the Roman fashion scene in the 2003 season, presenting "Electric Attraction," an alluring cybernetic woman wrapped in one hundred meters of luminous wire connected to an electric socket, from which she successively freed herself, to feel finally like herself. By disconnecting herself from the plug that gave her energy and life, she abandoned the social stereotypes, the reality and circumstances that had bound her. Just like her creator. It is a call to learn to accept oneself with all the differences life has provided, a revolt against the impositions dictated by the system, above all by the fashion system, an insulated world, the domain of aesthetics, beauty and perfection.

"People who are differently abled," explains Giacomo, "are sources of energy and life. That's the message that was conveyed to me since I was a child, by my family and my friends, by my school companions and my teachers. I'm writing a book about my life; I have some gripes, but also many people to thank, without whom I would not have gotten to be who I am."

The Roman performance of the futurist woman, nourished by alternative energy through the gown-sculpture, communicates Giacomo's hope for a future free from discrimination. "Life is true pleasure," he says. "The scintillating world of fashion transmits all this to me, making me feel alive."

Giannetto Bracconi

Giannetto Bracconi, sixty-five years old, atheist, communist, sightless, lives in Rimini.

He taught history and philosophy at the Einstein scientific high school for forty years. He is an imposing figure, with a white beard and a smile. He adores travel, the sea, the mountains. And he adores people, confrontation and learning.

In the post-war period, at the age of seven, he saved a child who was playing with a bomb by tearing it out of his hands. The bomb exploded near his face, causing his progressive loss of sight.

He talks about films and museums; he perfectly remembers the profile of the Cortina Mountains; he knows the roads and highways of Italy and Europe to perfection. He questions normality; he doesn't like the definition of *normal and abnormal*, how and when one can be considered as such.

"When are you normal? When there's nothing missing? We all have paranoias and anomalies. Those who get overwhelmed by depression over superfluous problems or get unnecessarily upset in dealing with everyday life. There's no standard of normality that can be applied to the world." Giannetto "sees" in his own way and truly sees our world, the tangible reality that unimpaired seers have before them. Just imagine what we are "forced to see, having no way out," he jokes. He, on the other hand, can see as he likes, imagines and believes, not being "dominated by the world, but dominating it in his mind." "Disabled people are more inclined to reasoning, reflection, profound evaluation of the things in life, with a closer attention to facts and events," he says.

He maintains that the disabled person's limit is laziness, the true enemy of those who sink into an inescapable and irreversible situation of deficiency. "The disabled should study harder than others, demand more of themselves, fight more than others because they are disadvantaged from the outset." A disabled student is often exonerated from knowing the *whole* lesson, because the teacher's pity makes him different. It is the first form of racism that the unimpaired act out with regard to the disabled. Bracconi believes that the unimpaired are the ones who have relational problems with the disabled, avoiding them out of fear or embarrassment. He's convinced that disabled people should attend specialized institutes. "When the special institutes were closed in the early seventies with the idea that they could integrate the disabled into state schools to promote their socialization, a serious error was committed." A disabled person needs different treatment, different learning and educational methods that only people like him, who have previously learned means and methods, can communicate and teach. Furthermore, sightless people—which Bracconi prefers to call blind, free from the unnecessary shame to which the contemporary use of the terms constrain us— need to be able to accept themselves with humor and find their own way, just like the unimpaired.

Curiosity, experience and culture are the things that make people with disabilities live, thus putting them on the same level with others. Curiosity, experience, culture and politics.

Photos

È stato un viaggio durato quattro mesi.
Ho deviato dalle strade percorse dai "normali" per entrare
in un territorio che destabilizza i nostri riferimenti sicuri.
È come se una lente ingigantisse indifferenza, pregiudizi e paure
che da troppo tempo accompagnano il "diverso."
Ho conosciuto amici, ne ho condiviso il quotidiano e ho visto
da vicino il coraggio, il silenzio e la rabbia.
Grazie per avermi accompagnato con grande leggerezza.

It was a journey that lasted months.
I turned off the road taken by "normal" people to enter
a territory that destabilizes our secure reference points.
It was as if a lens magnified the indifference, prejudices
and fears that have for too long accompanied the "different."
I made friends, I shared their daily lives, and I saw up close
the courage, the silence and the anger.
Thank you for leading me with such agility.

Ugo Panella

pp. 25-27

Trieste. Actors of the Piccola Società Cooperativa Cassiopea. Dress rehearsal for the play *Di Passaggio*, based on Fabrizia Ramondino's book *Passaggio a Trieste*. The play was organized in collaboration with the Teatro Stabile of Friuli Venezia Giulia.

Trieste. Attori della Piccola Società Cooperativa Cassiopea. Prove generali dello spettacolo *Di Passaggio*, tratto dal libro di Fabrizia Ramondino *Passaggio a Trieste*. Spettacolo organizzato in collaborazione con il Teatro Stabile del Friuli Venezia Giulia.

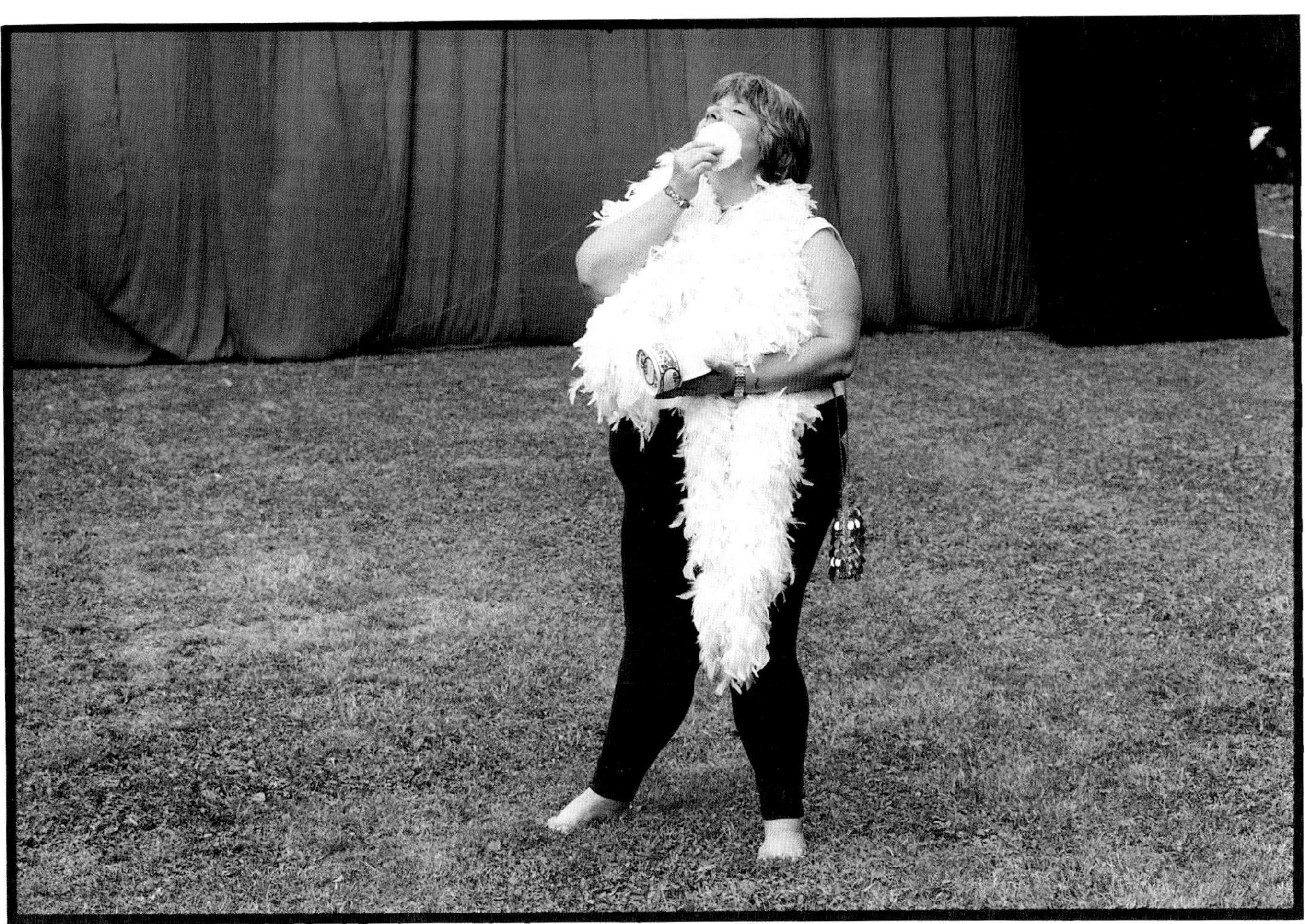

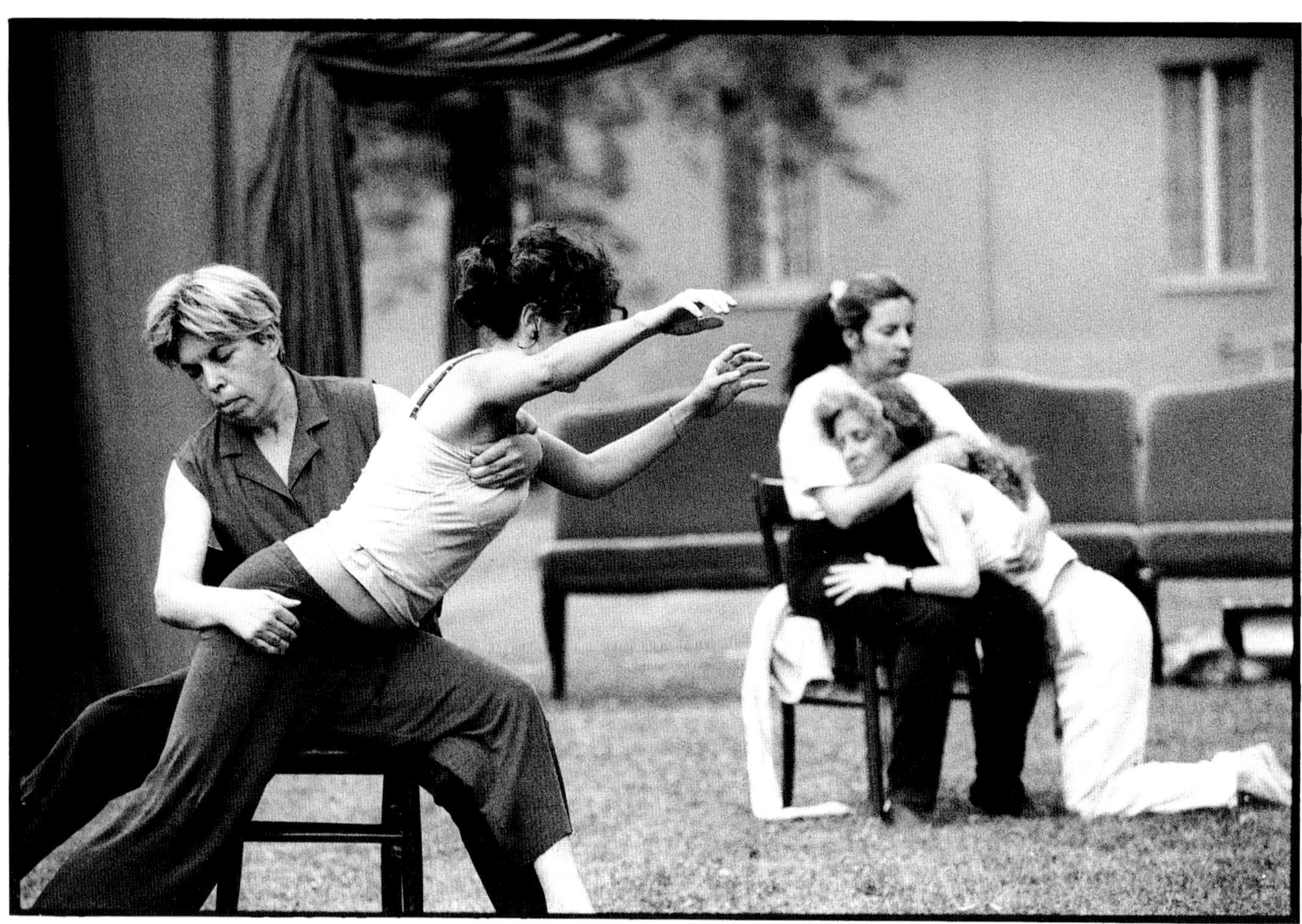

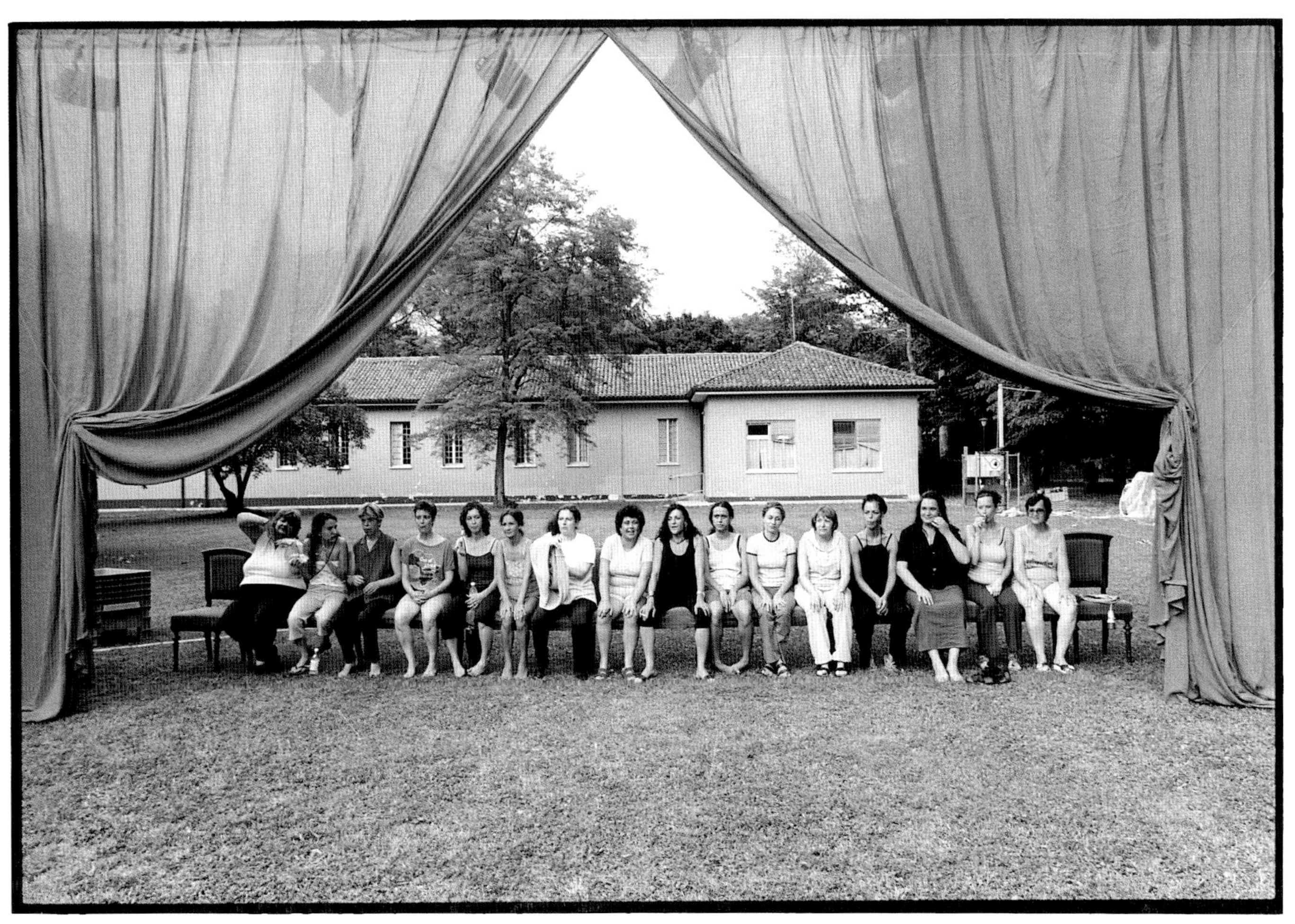

pp. 28-30

Recetto, Parco nautico del Sesia, Novara.
Water ski training of the Nazionale
Italiana Disabili. Tommaso Di Pilato,
Claudio Riva and Giancarlo Cosio.

Recetto, Parco nautico del Sesia, Novara.
Allenamento di sci nautico della Nazionale
Italiana Disabili. Tommaso Di Pilato,
Claudio Riva e Giancarlo Cosio.

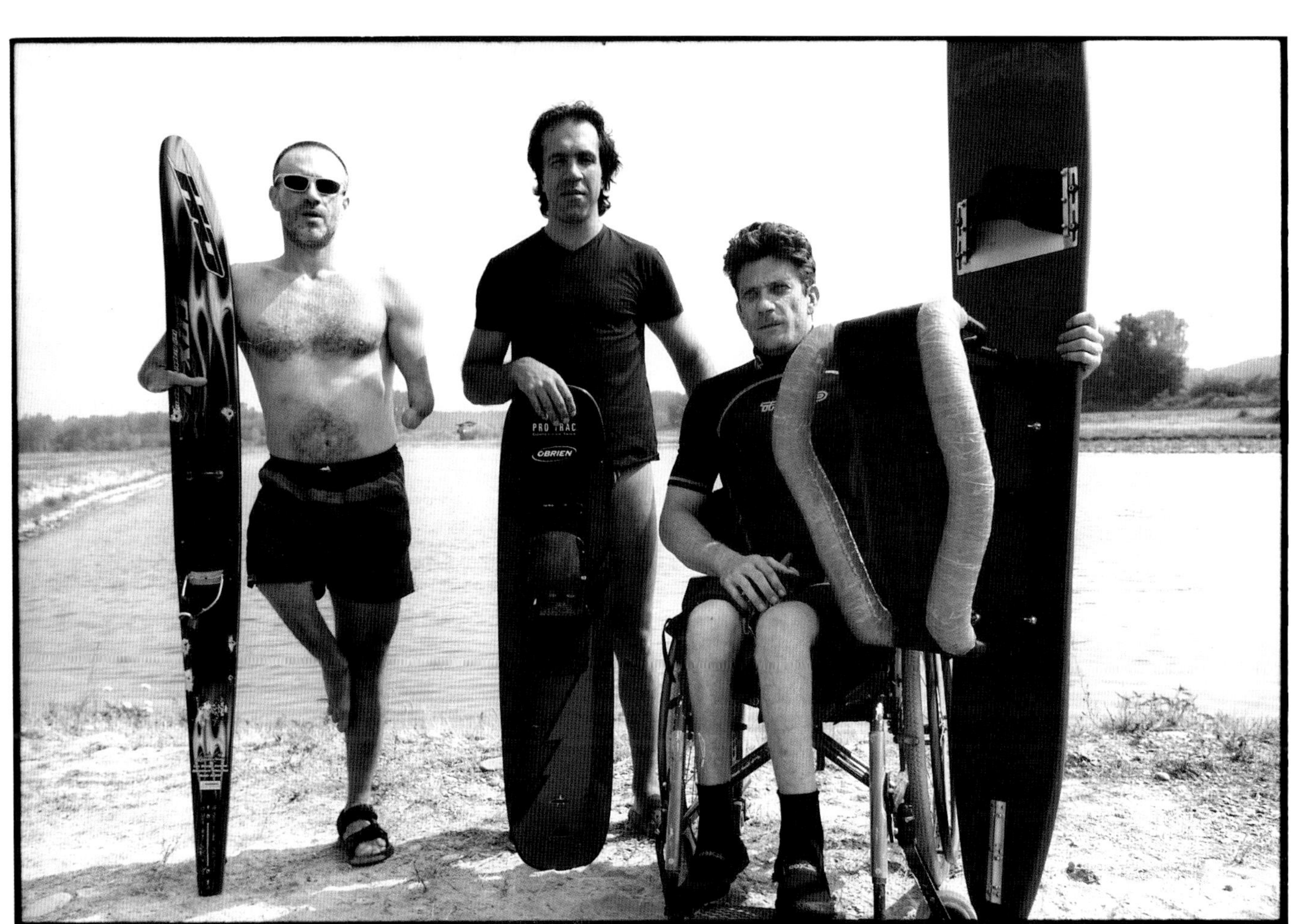

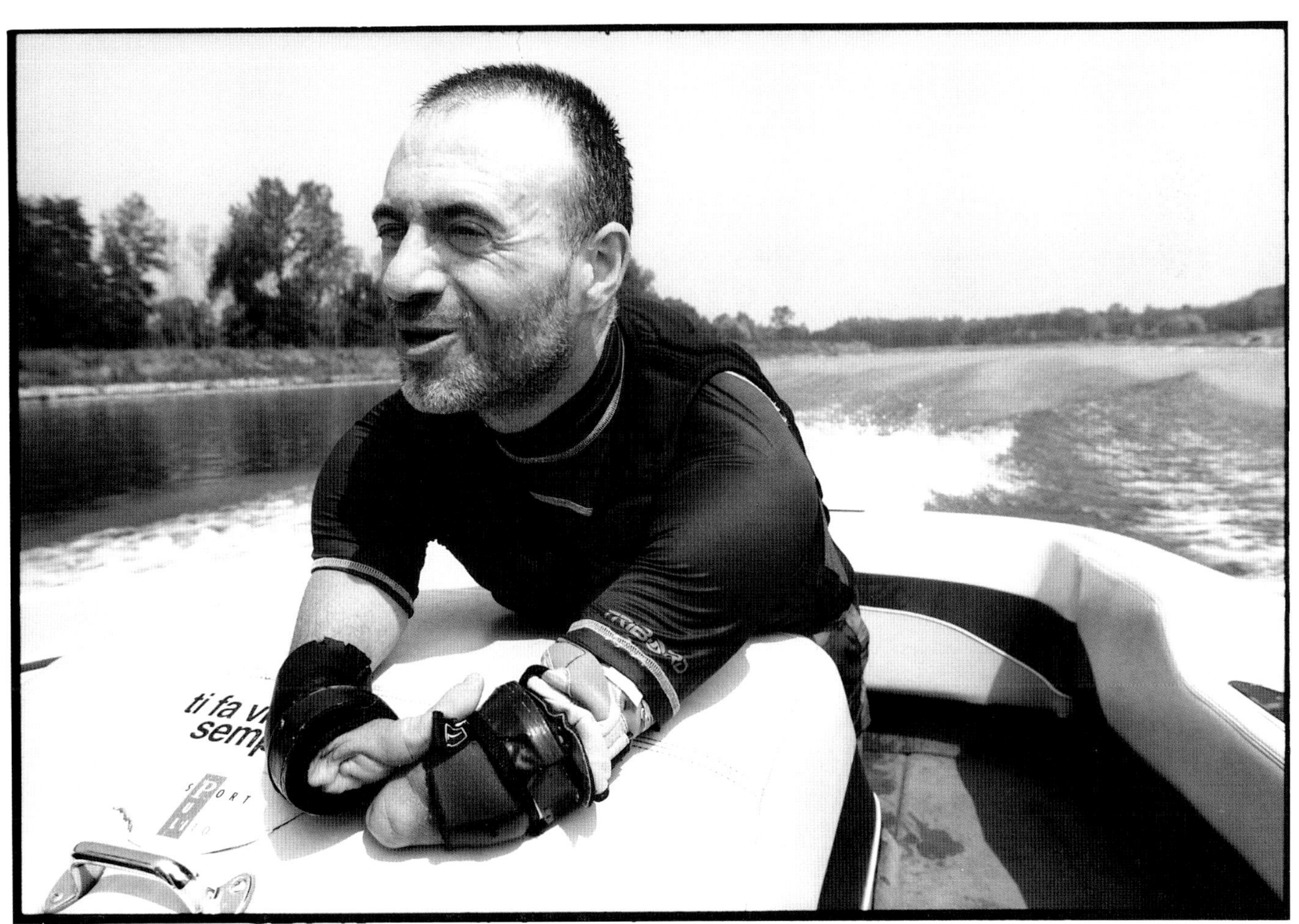
ti fa v
sem
SPORT

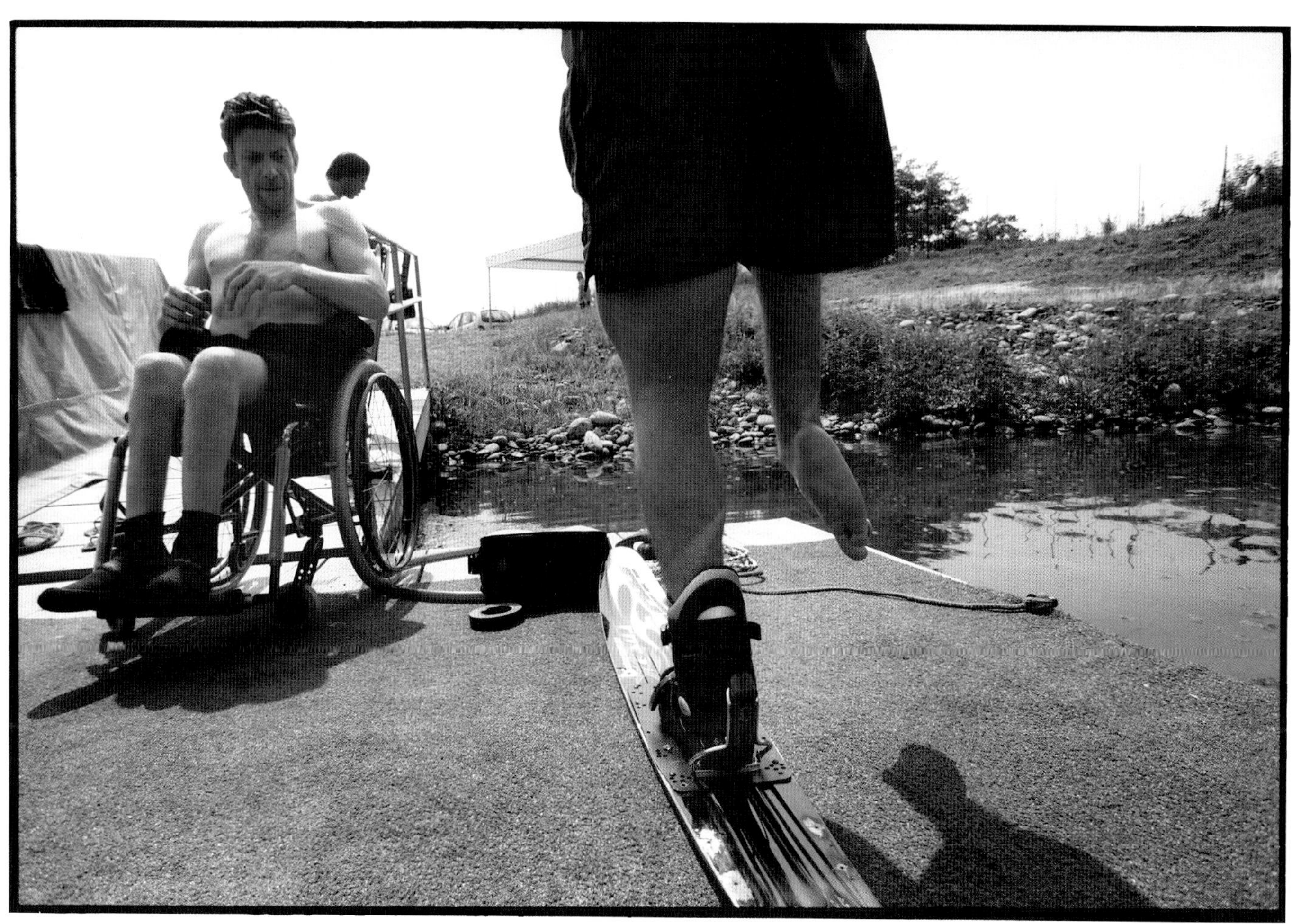

Milan, Fondazione Don Carlo Gnocchi
Onlus. The center welcomes disabled
children affected by complex acquired
and congenital pathologies and
patients of every age who need
neurological, cardiologic and
respiratory rehabilitation.

Milano, Fondazione Don Carlo Gnocchi
Onlus. Il Centro accoglie ragazzi portatori
di handicap, affetti da complesse
patologie acquisite e congenite e pazienti
di ogni età che necessitano di interventi
riabilitativi neurologici, ortopedici,
cardiologici e respiratori.

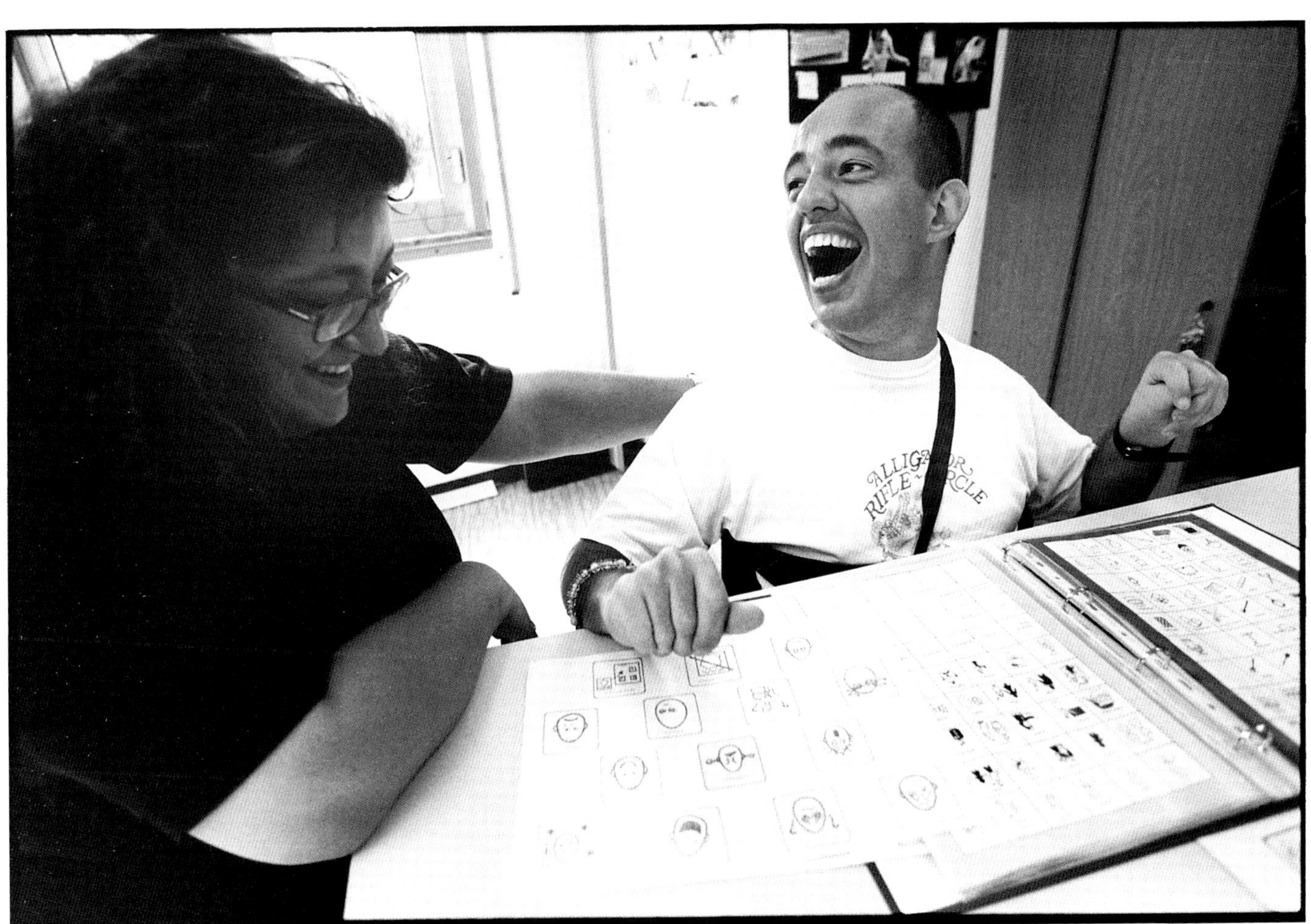

Rimini. Giannetto Bracconi.

Rimini. Giannetto Bracconi.

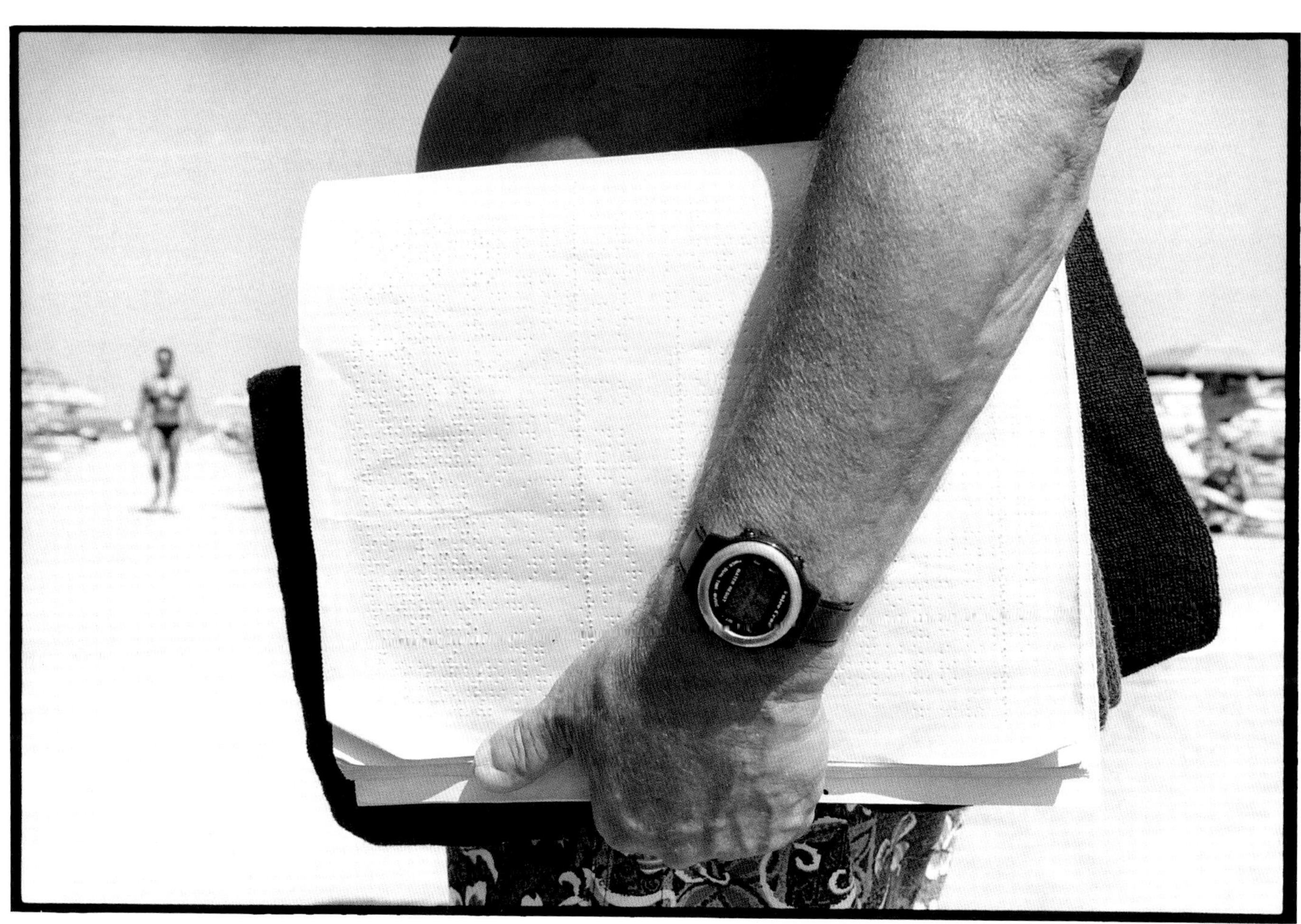

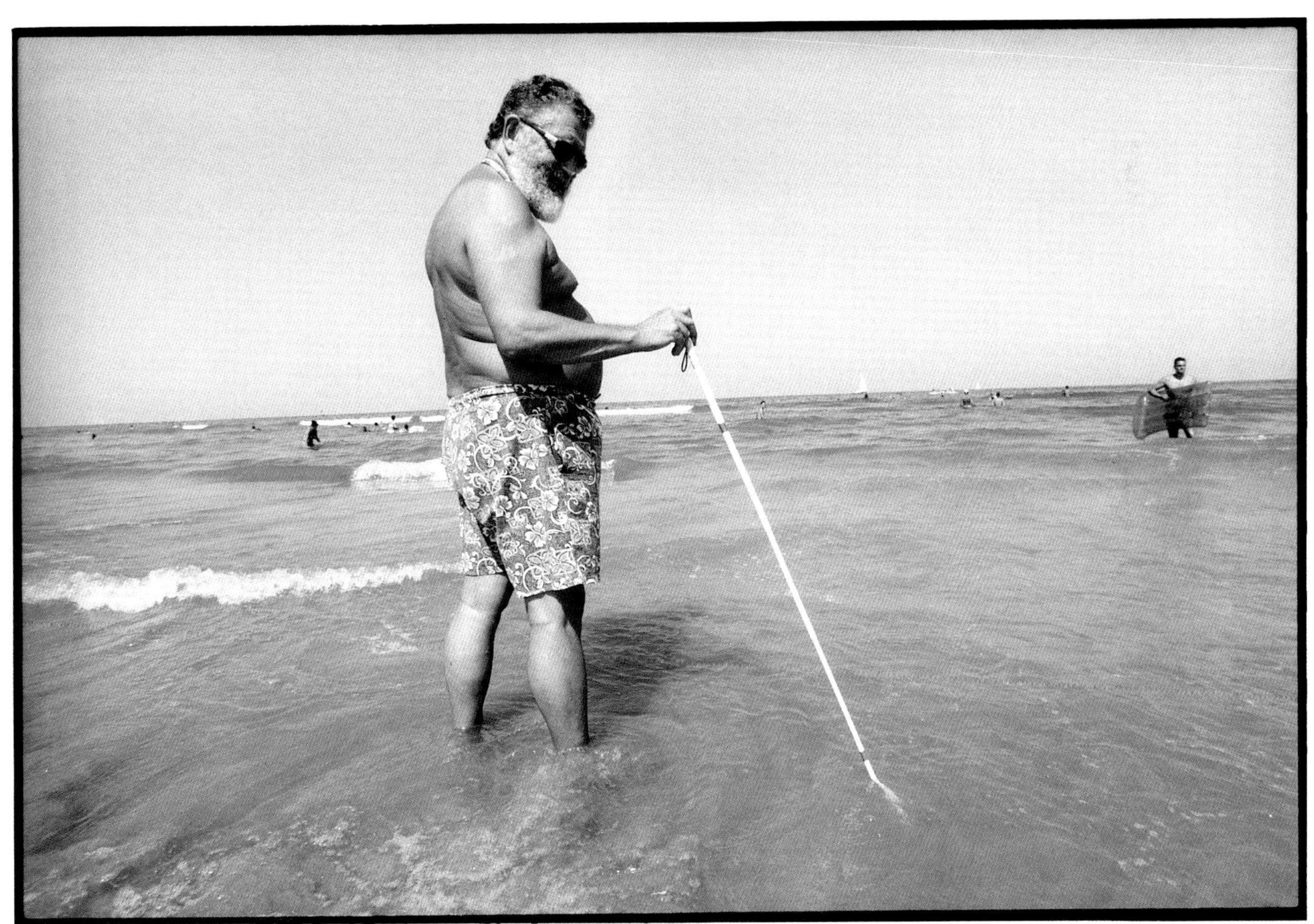

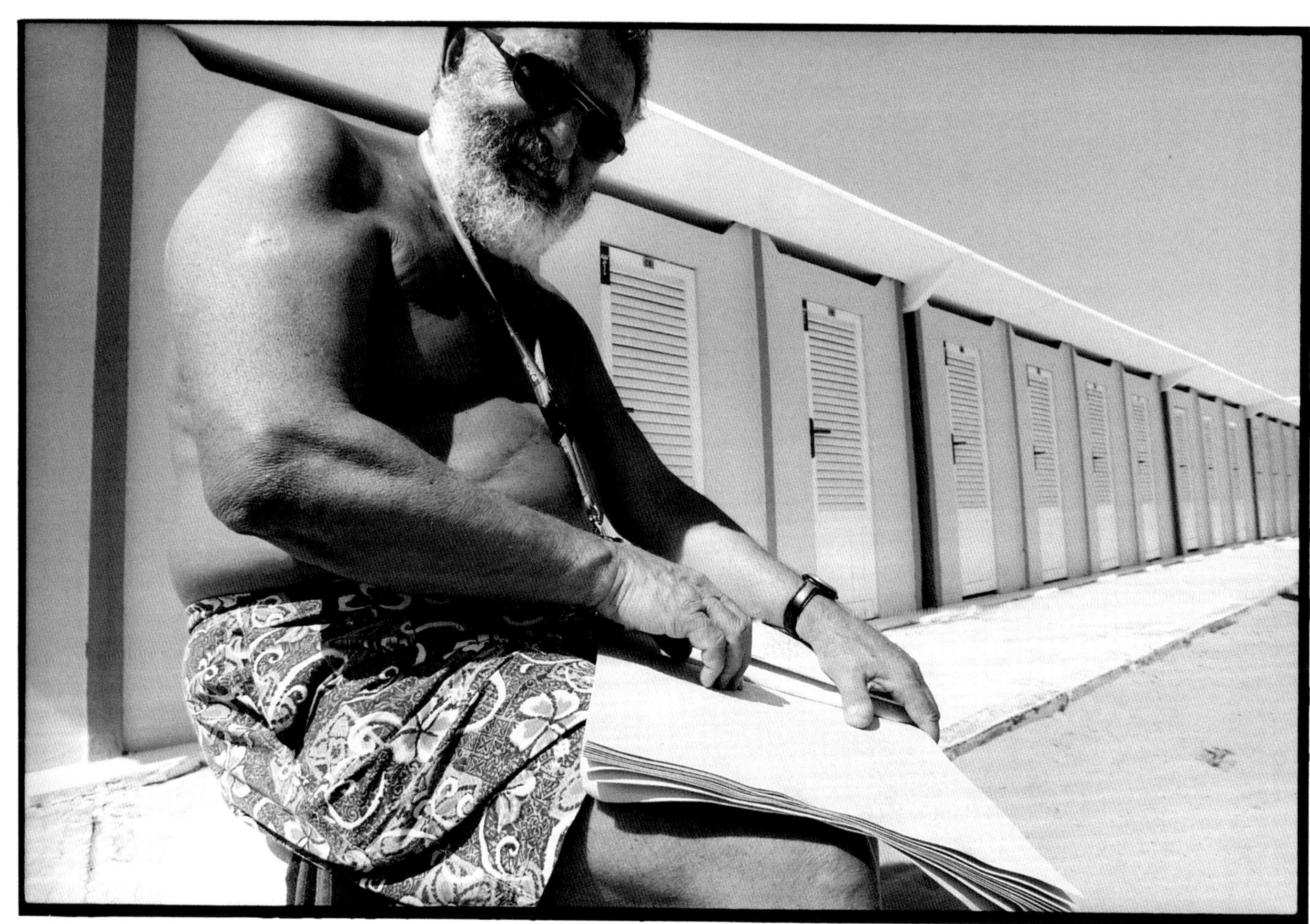

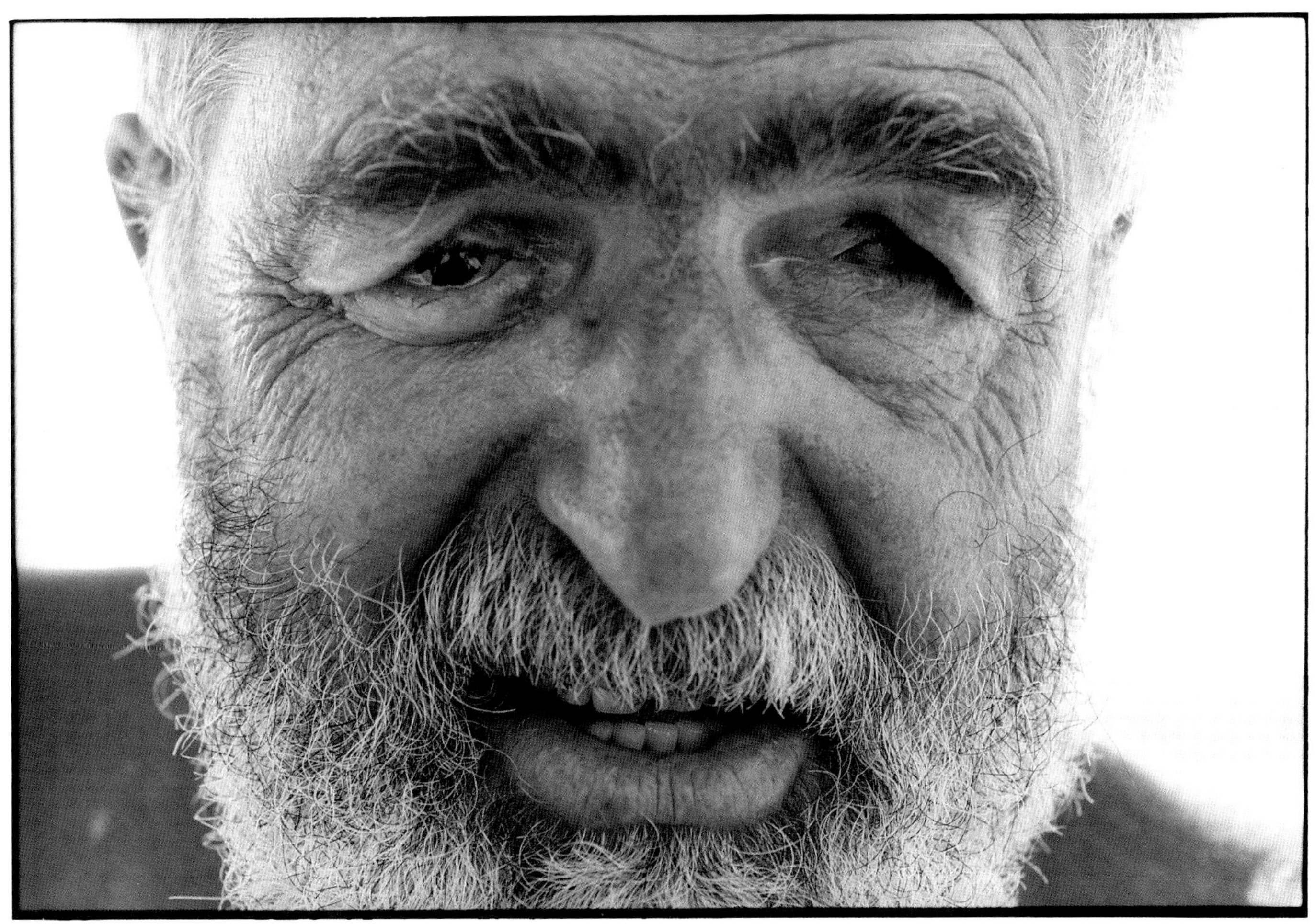

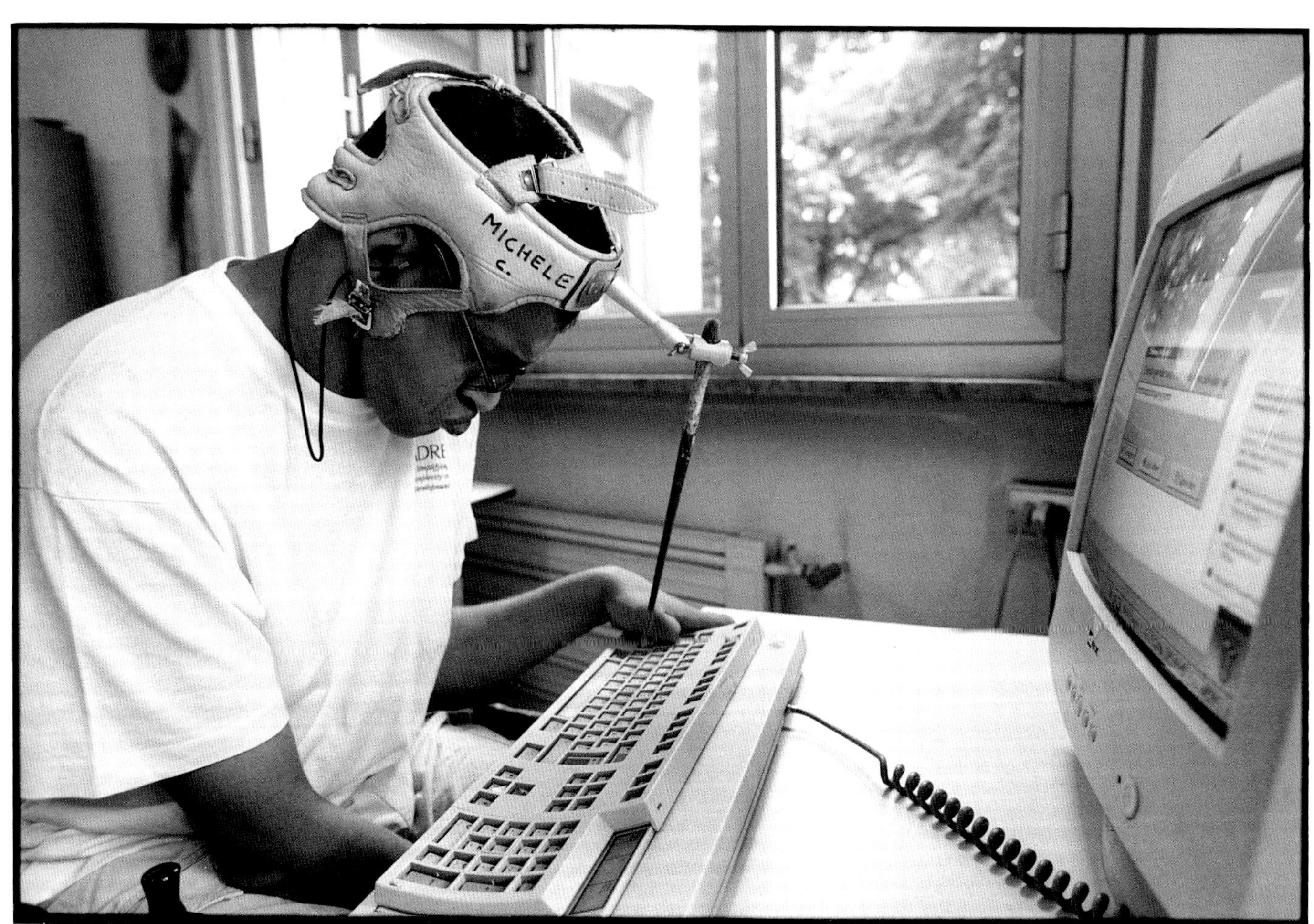

Milan, Fondazione Don Carlo Gnocchi
Onlus. Michele writes at the computer.

Milano, Fondazione Don Carlo Gnocchi
Onlus. Michele scrive al computer.

Milano, Fondazione Don Carlo Gnocchi
Onlus. Cristiano, terapia con la palla.

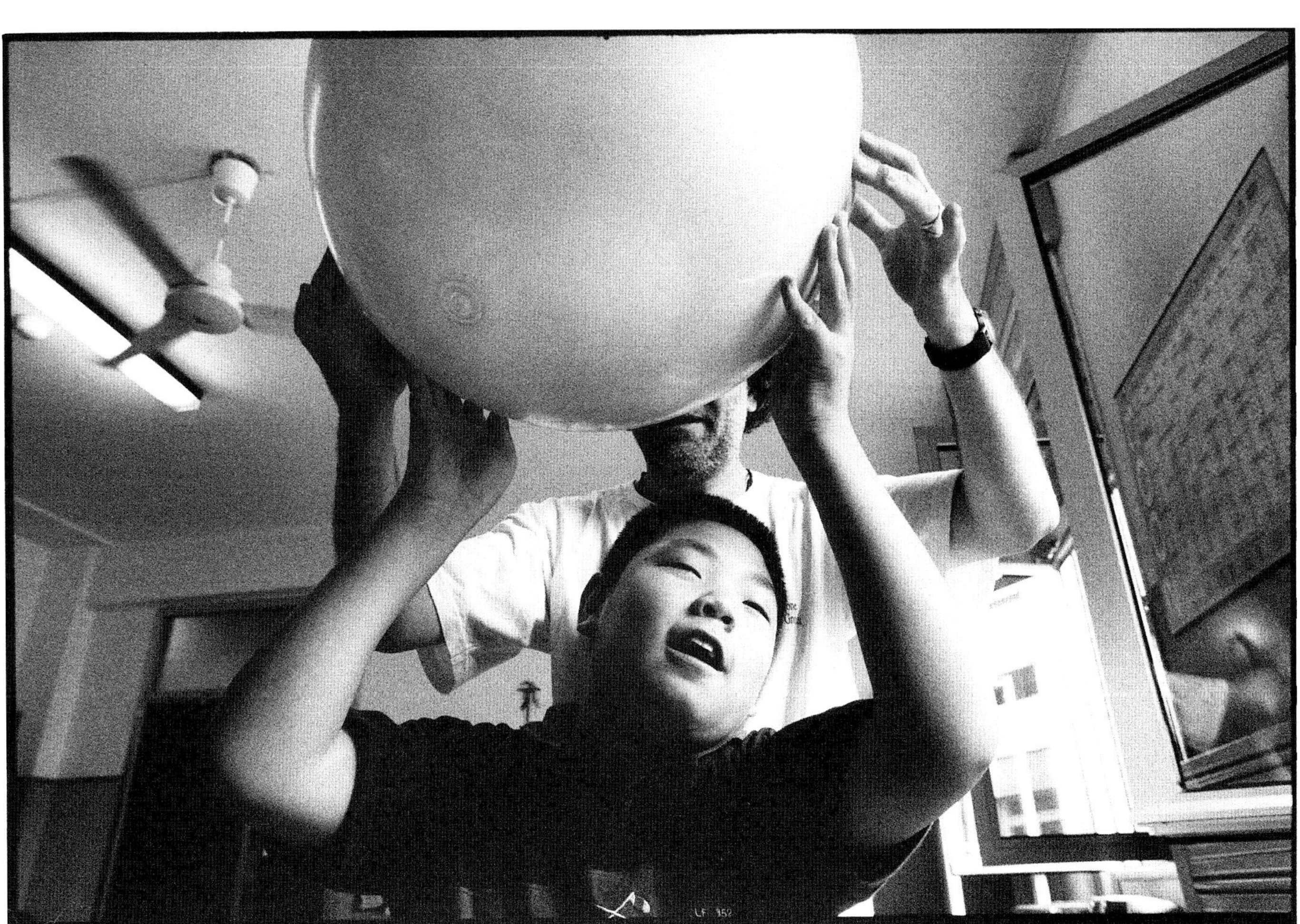

Passo dello Stelvio. The Nazionale
Italiana Sci Disabili trains.

Passo dello Stelvio. Allenamento della
Nazionale Italiana Sci Disabili.

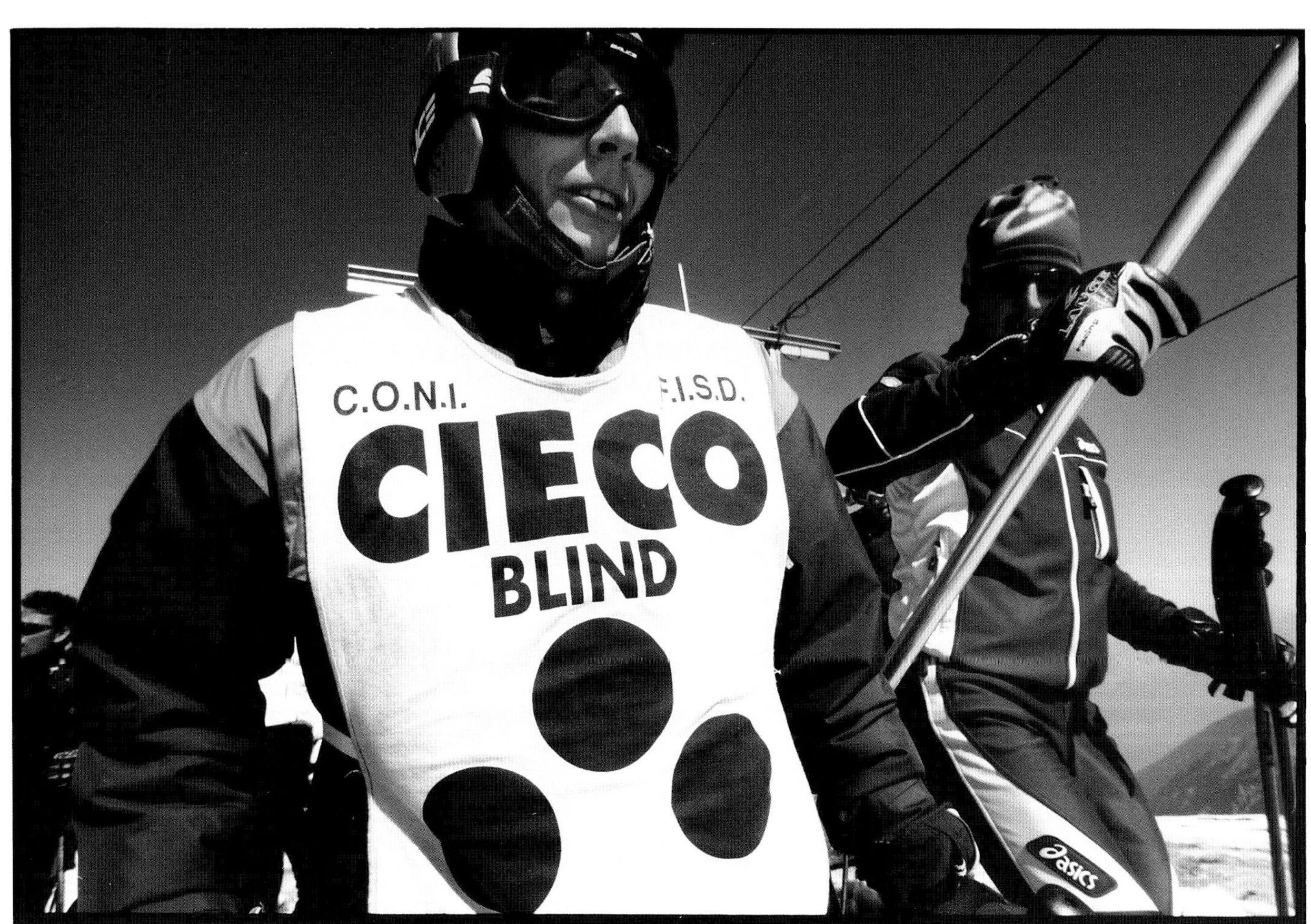
C.O.N.I.
F.I.S.D.
CIECO
BLIND
asics

Passo dello Stelvio. Emanuele Panini.

Passo dello Stelvio. Emanuele Panini.

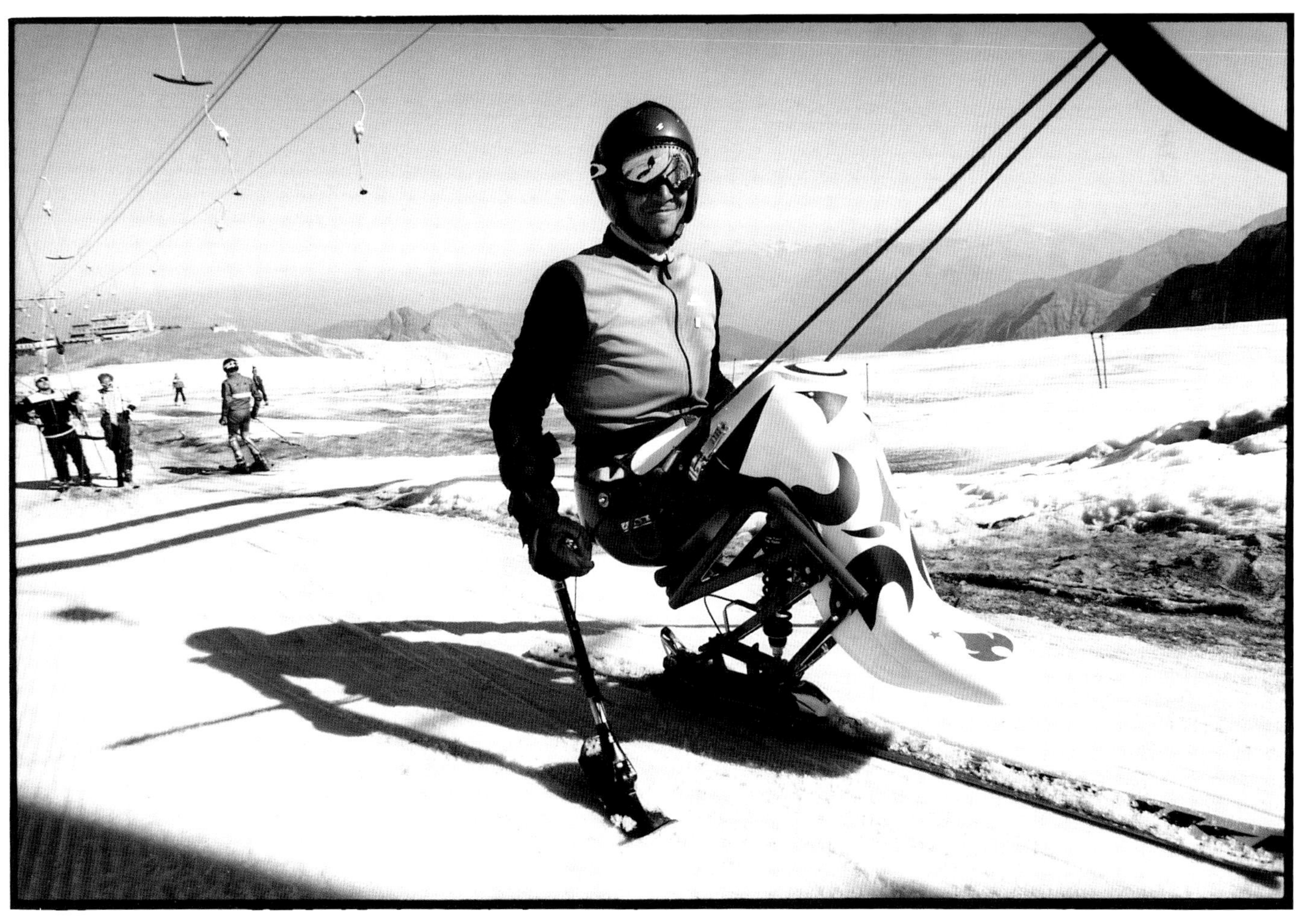

The blind skier Luigi Bertanza
and his guide Ivan Morlotti.

Lo sciatore non vedente Luigi Bertanza
e la sua guida Ivan Morlotti.

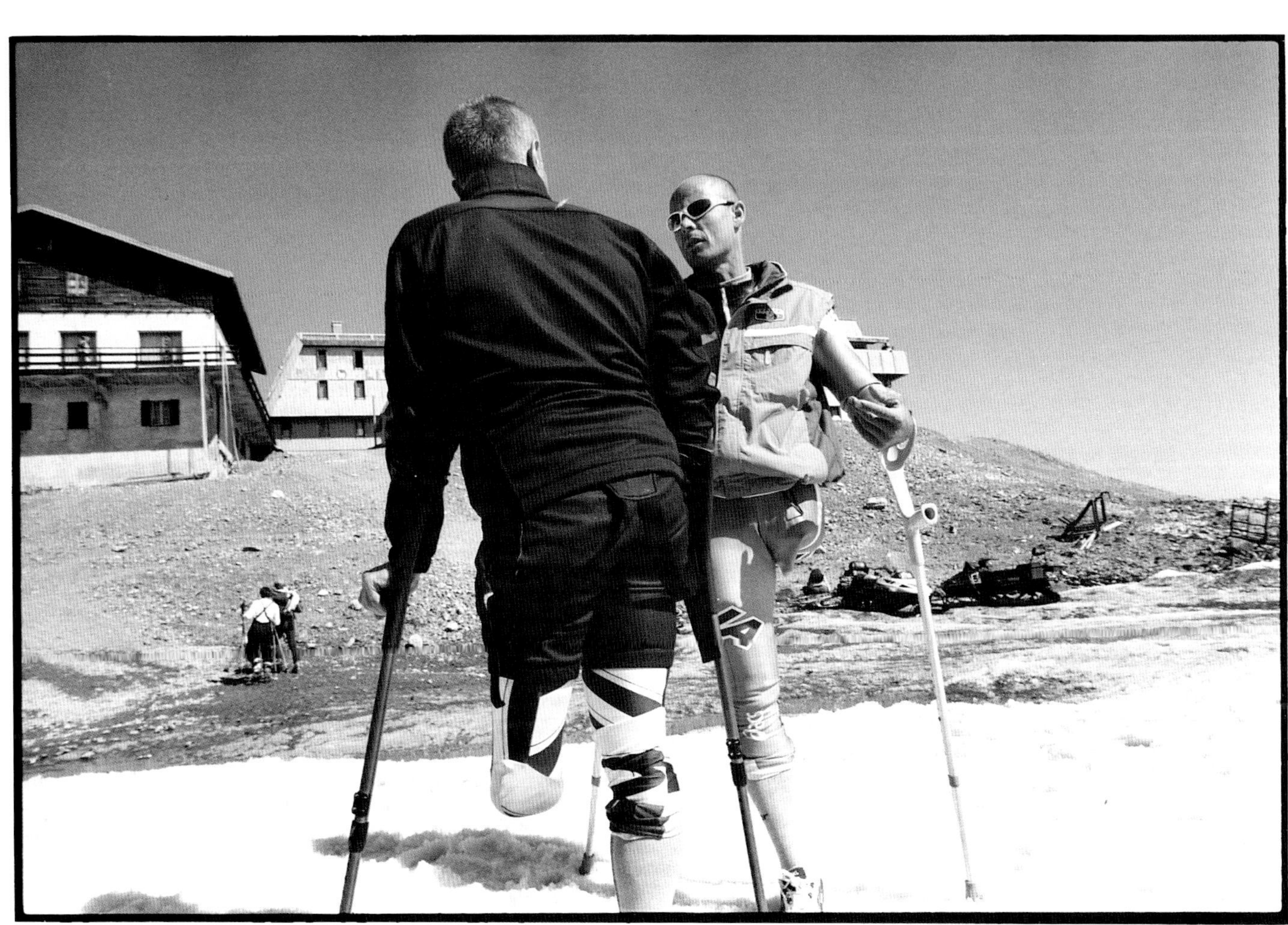

Talamello, Pesaro-Urbino. Leardo Piscaglia was born with phocomelia. He has limited use of his hands but writes, paints, drives a car and motorcycle. He is married and is the father of an eighteen-year-old daughter. He works as a telephone operator at the Ospedale Talamello, located in the Romagna inland. His hobby is hunting.

Talamello, Pesaro-Urbino. Leardo Piscaglia è nato focomelico. Ha un uso limitato delle mani ma scrive, dipinge, guida la macchina e la moto. È sposato e padre di una figlia di 18 anni. Lavora come centralinista presso l'ospedale di Talamello, località dell'entroterra romagnolo. Ha l'hobby della caccia.

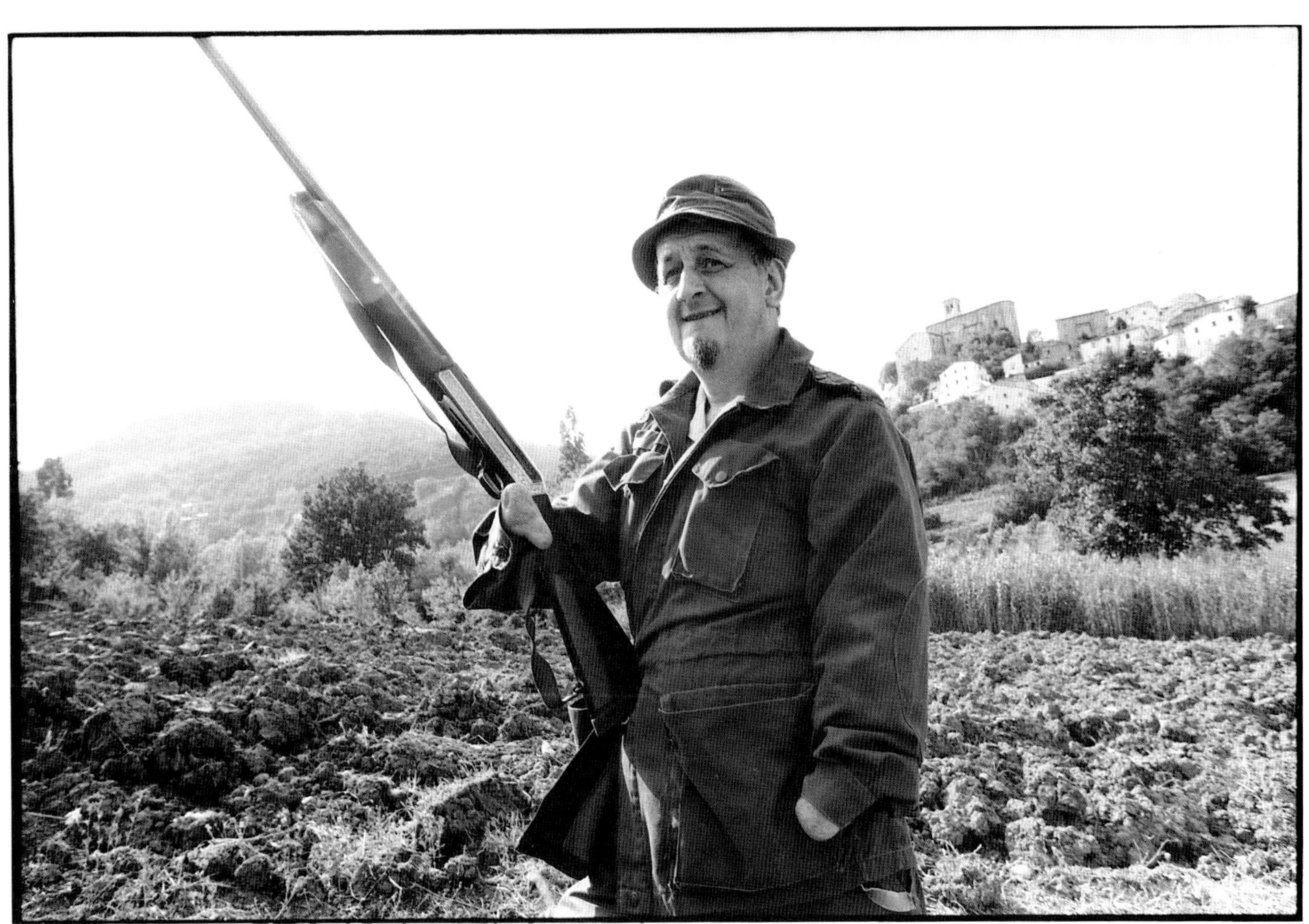

pp. 42-45

Milan. Nicola Longo, thirty-two years old, Neapolitan, a graduate in economics and business with a masters in business administration, today deals with strategic marketing for the Internet division of Wind. He lives and works in Milan.

Milano, Nicola Longo, 32 anni, napoletano, laureato in Economia e Commercio con un master in Business Administration, si occupa oggi di marketing strategico per la divisione internet di Wind. Vive e lavora a Milano.

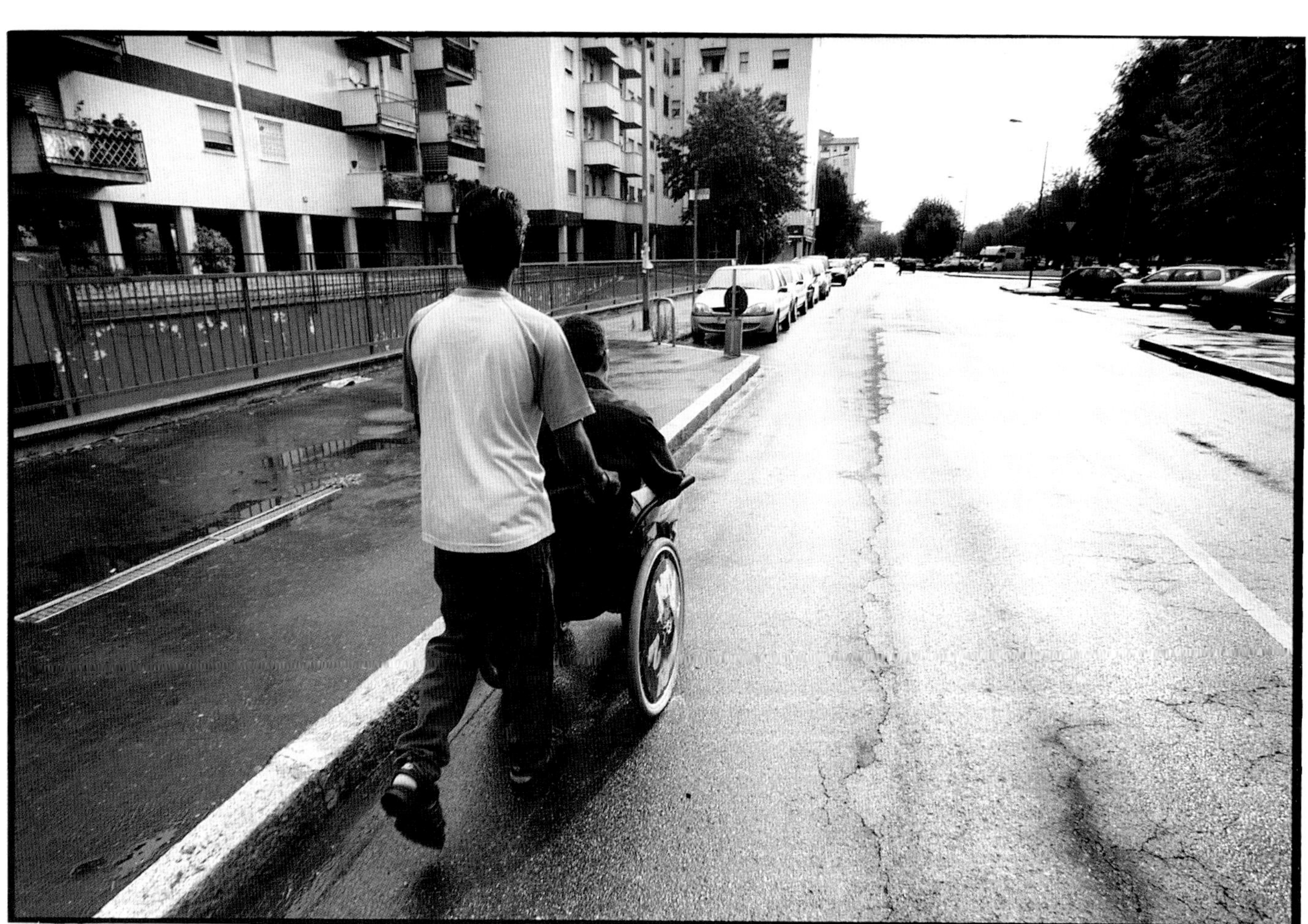

He has been in a wheelchair since 1988
as a result of a dive that led to the total
loss of use of his lower limbs. He goes
to work every day in a specially
equipped minibus. He travels throughout
Europe by plane and train, accompanied
by Wasantha. Always with him, he and
Wasantha go to concerts and discos.

Sulla sedia a rotelle dal 1988 in seguito
a un tuffo che gli causa la perdita
completa degli arti inferiori. Va a
lavorare ogni giorno con un pulmino
attrezzato. Viaggia l'Europa in aereo
e in treno accompagnato da Wasantha;
sempre con lui va ai concerti e in
discoteca.

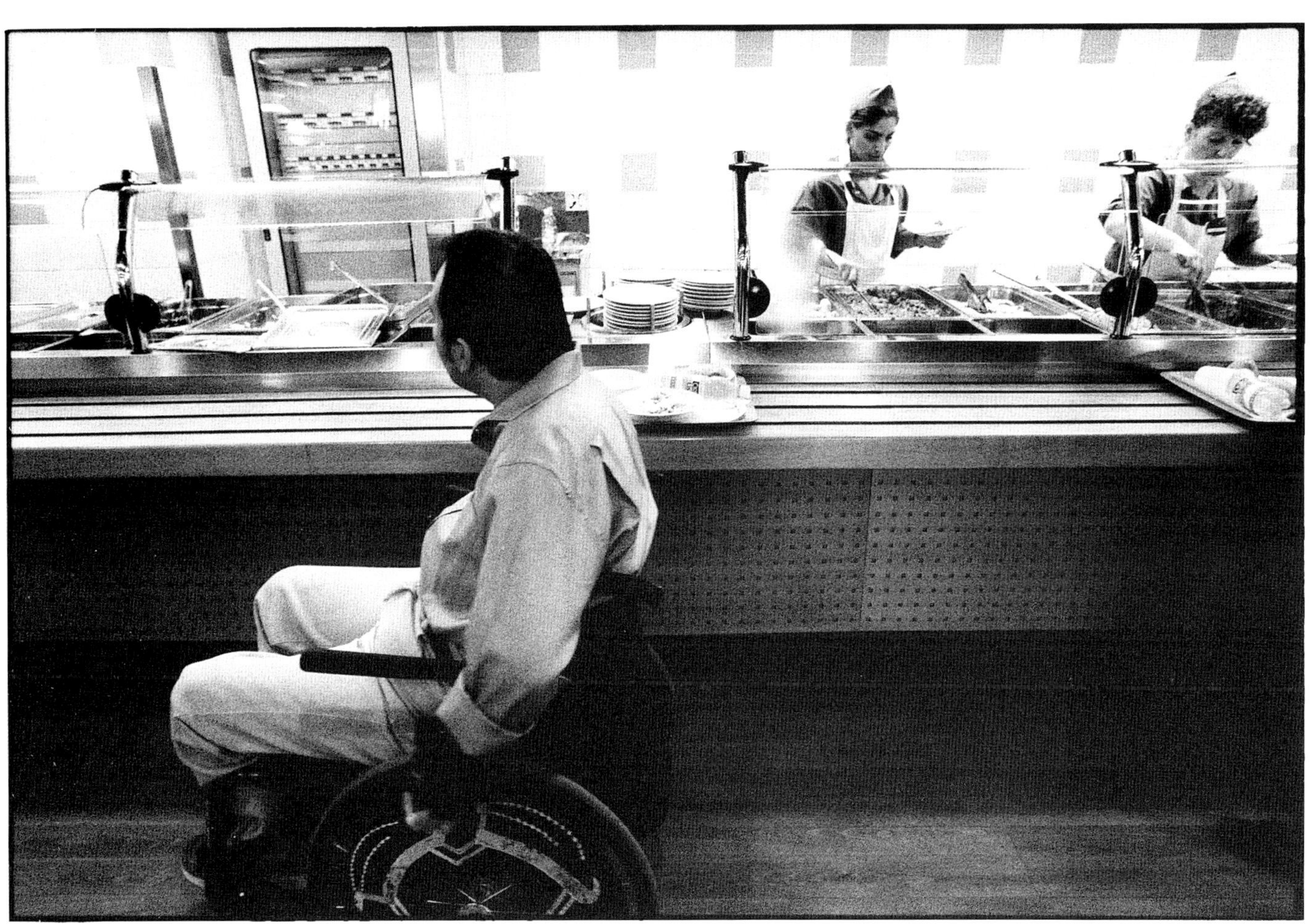

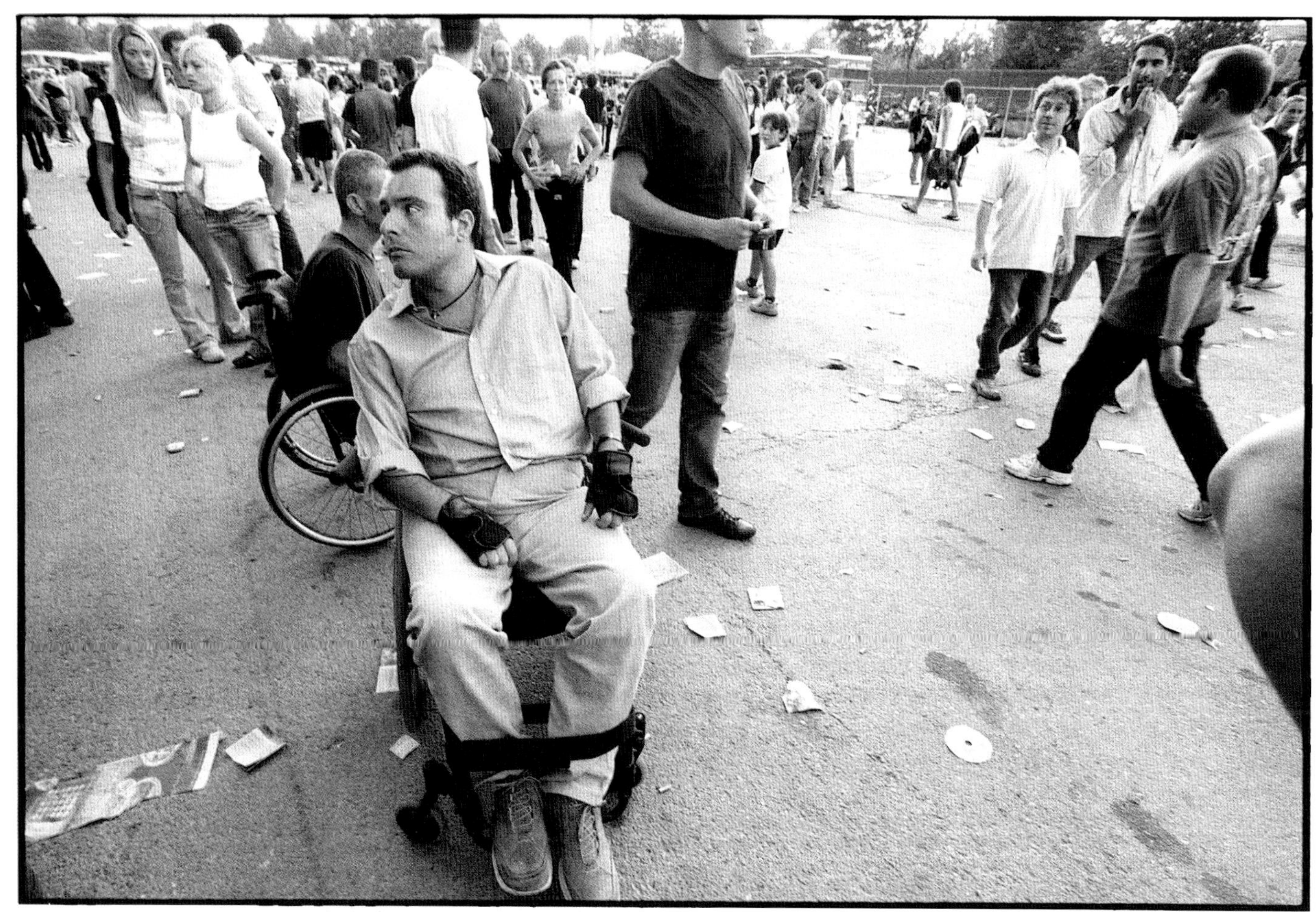

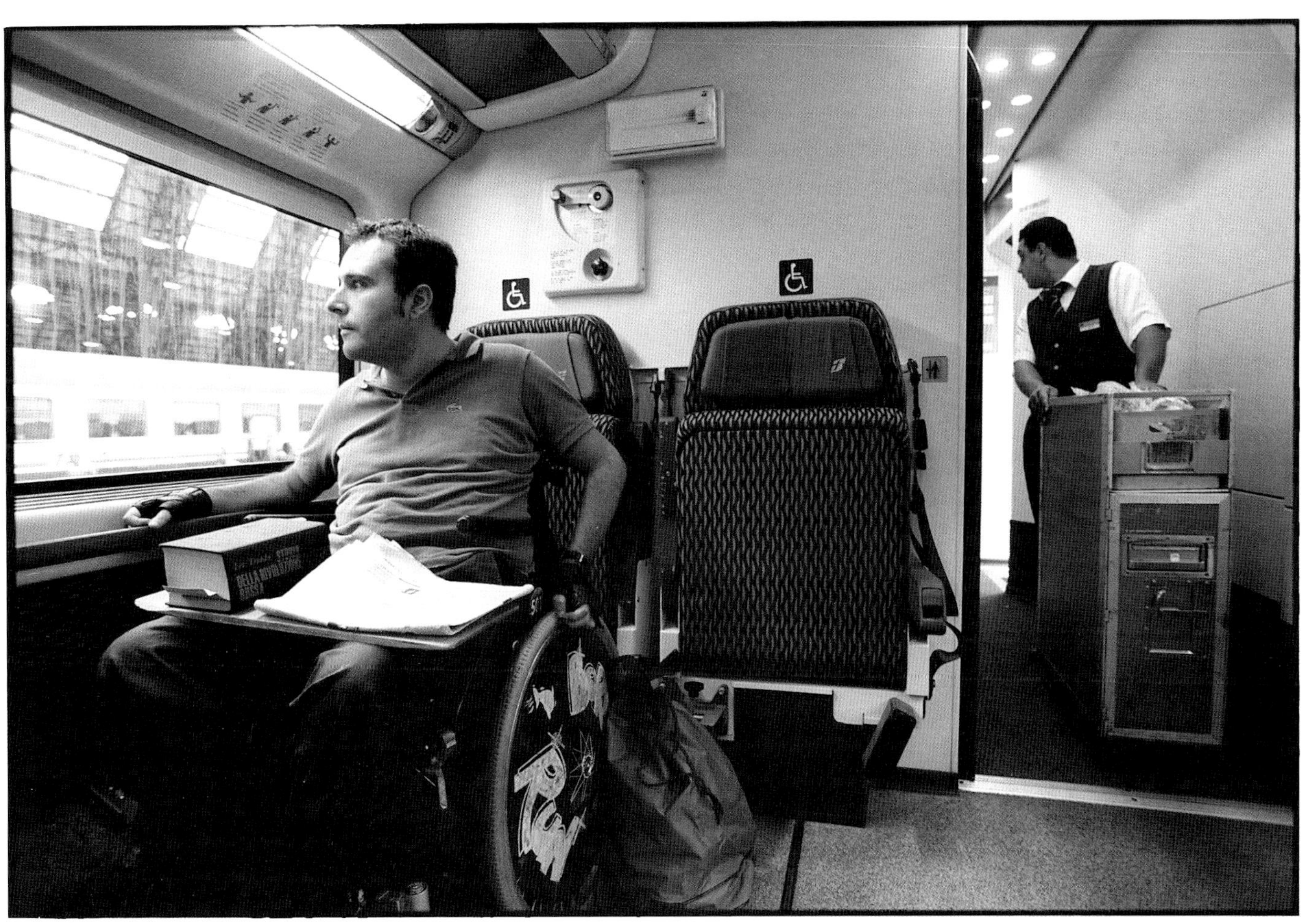

Olmi di San Biagio, Treviso.
Alvise De Vidi is the disabled
athlete who has won the
most Olympic medals. He
competes in sprints and
middle-distance events —
200, 400 and 800 meters.

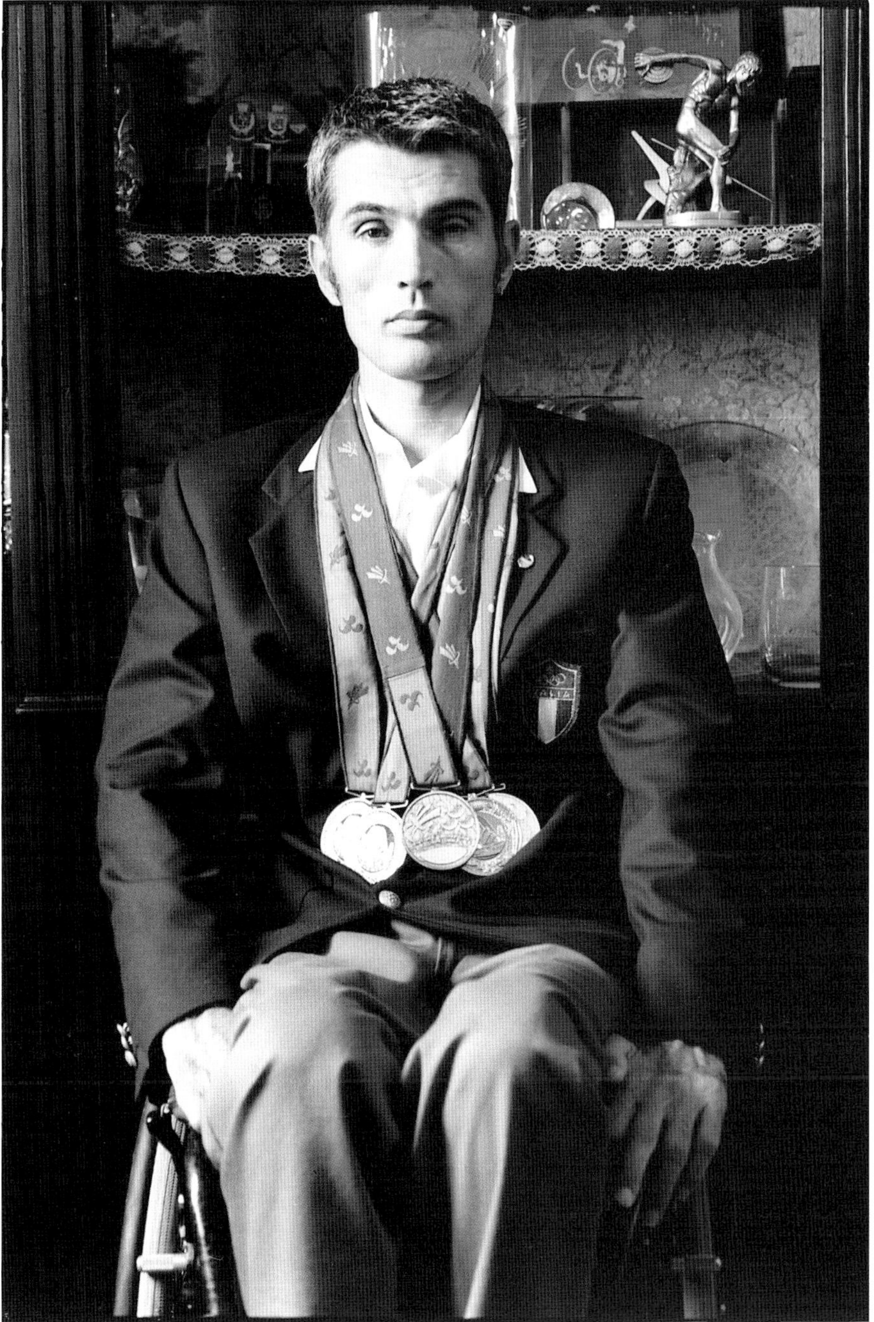

Olmi di San Biagio, Treviso.
Alvise De Vidi è l'atleta
disabile premiato col
maggior numero di medaglie
olimpiche. Gareggia nella
velocità e nel mezzo fondo —
200, 400 e 800 metri.

Villa del Conte, Padova.
Ruggero Vilnai, owner of the Off Carr
wheelchair factory.

Villa del Conte, Padova.
Ruggero Vilnai, proprietario della
fabbrica di sedie a rotelle Off Carr.

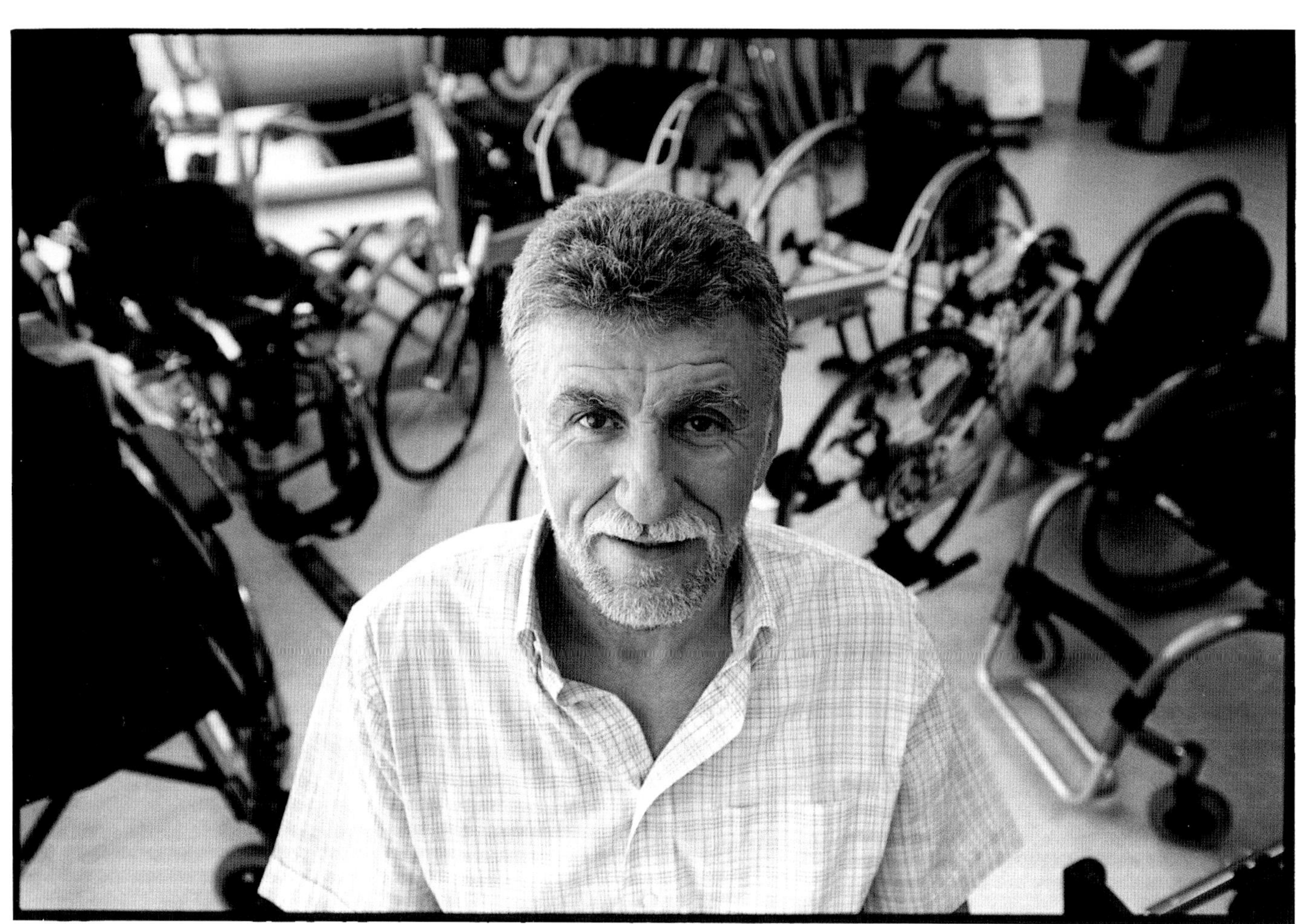

Induno Olona, Varese.
Barbara Gandini works as
warehouse keeper in the
men's clothing department of
the local Ipercoop.

Induno Olona, Varese.
Barbara Gandini lavora come
magazziniera al reparto
abbigliamento uomo
dell'Ipercoop locale.

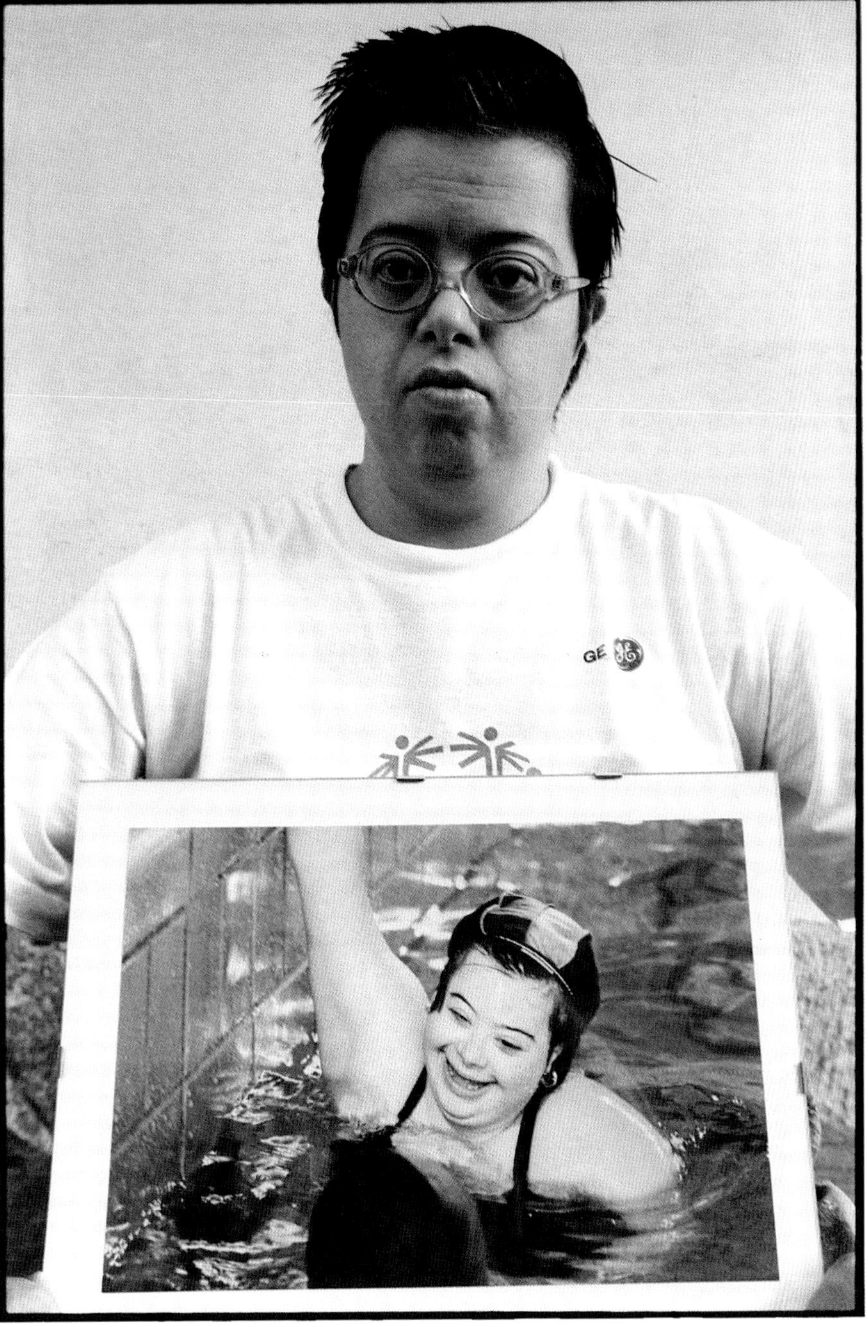

Milan, Piscina San Abbondio. Matteo Schianchi lost his left arm and leg in an accident. He graduated in modern history and obtained a masters at the Sorbonne in Paris. He currently works as a French and Italian translator for different publishers. He is a competitive swimmer at the national level.

pp. 50-52
Milano, Piscina San Abbondio. Matteo Schianchi ha perso braccio e gamba sinistra in un incidente. È laureato in storia moderna e ha conseguito un master alla Sorbona di Parigi; si occupa di traduzioni dal francese all'italiano per diverse case editrici. Nuotatore agonistico a livello nazionale.

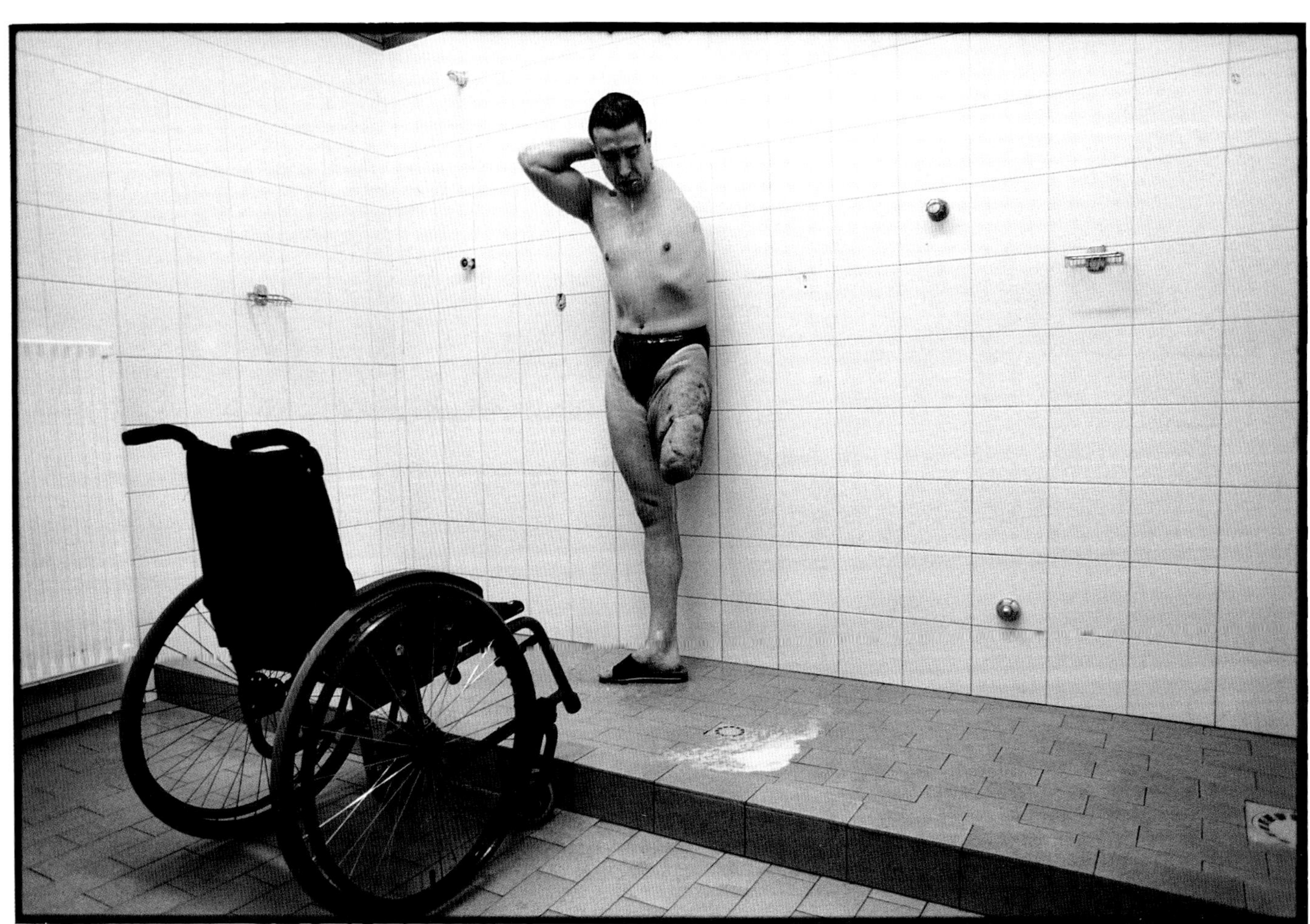

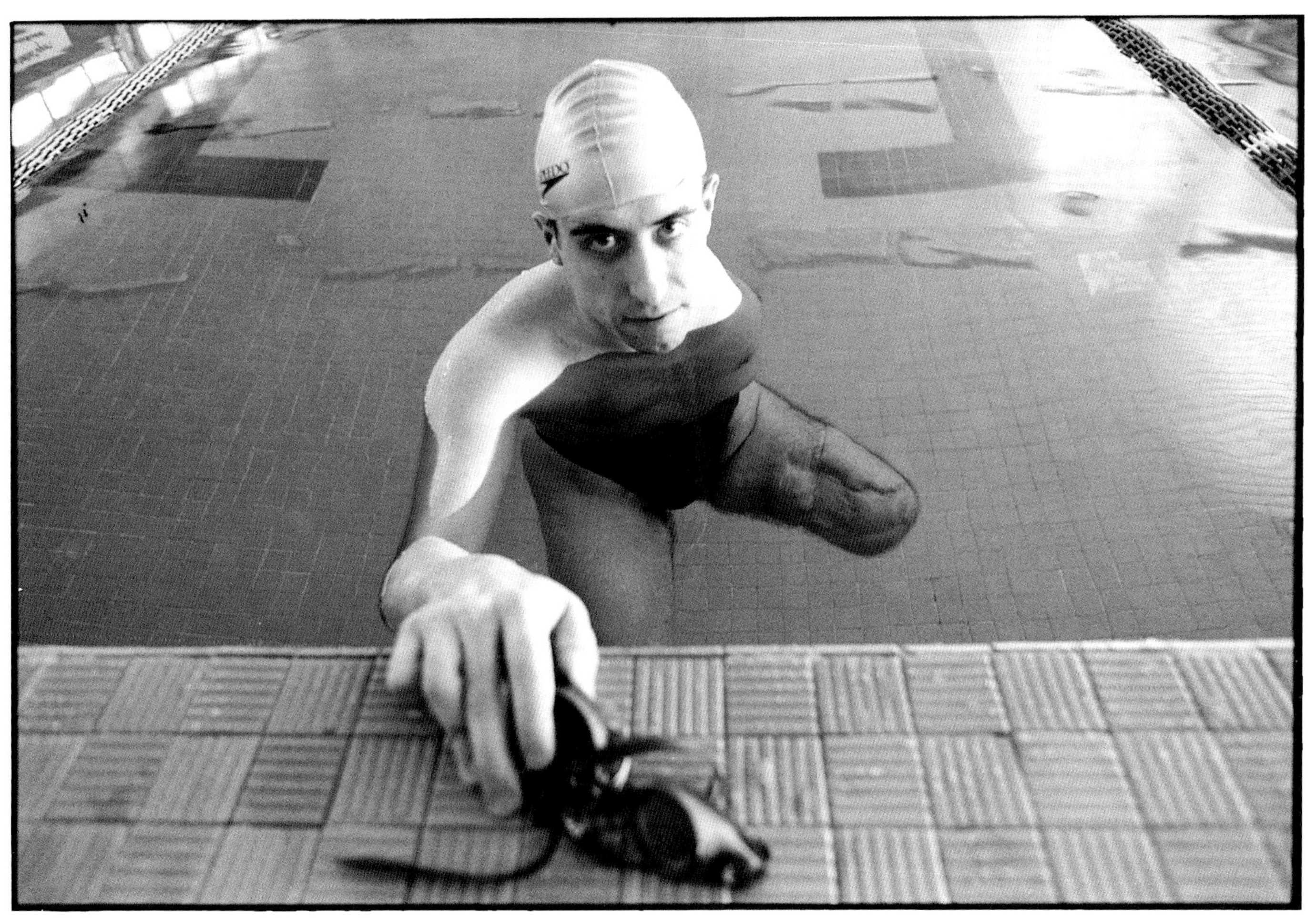

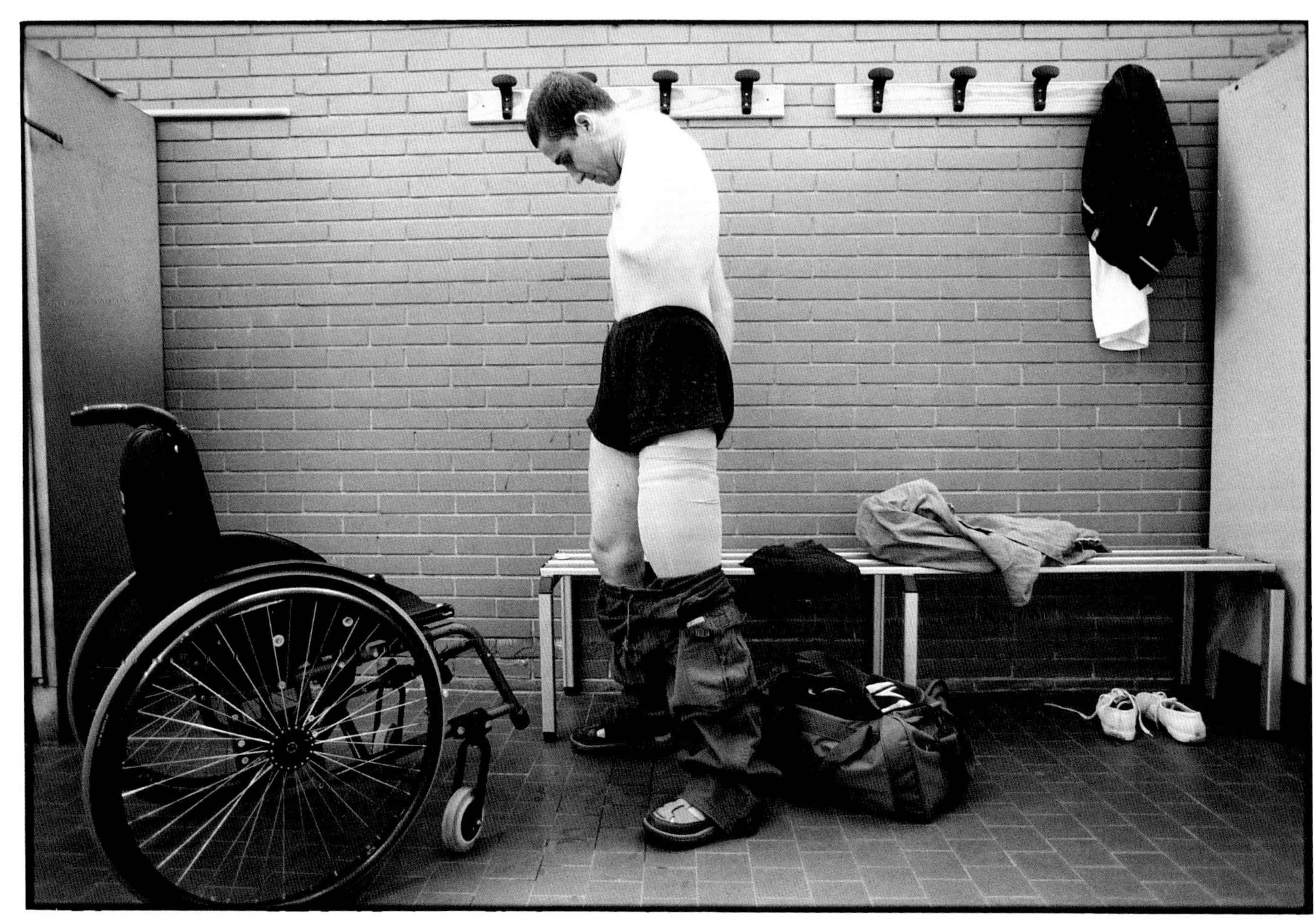

Bellaria, Centro di Mobilità Luce sul
Mare. Omar Gobbi experiments with
Autonomy, a driving simulator that
verifies capability to react to danger
and the functional abilities of disabled
people intending to obtain their license.

Bellaria, Centro di Mobilità Luce sul
Mare. Omar Gobbi sperimenta
Autonomy, un simulatore di guida per
verificare la capacità di reazione al
pericolo e la funzionalità dei disabili
che intendono prendere la patente.

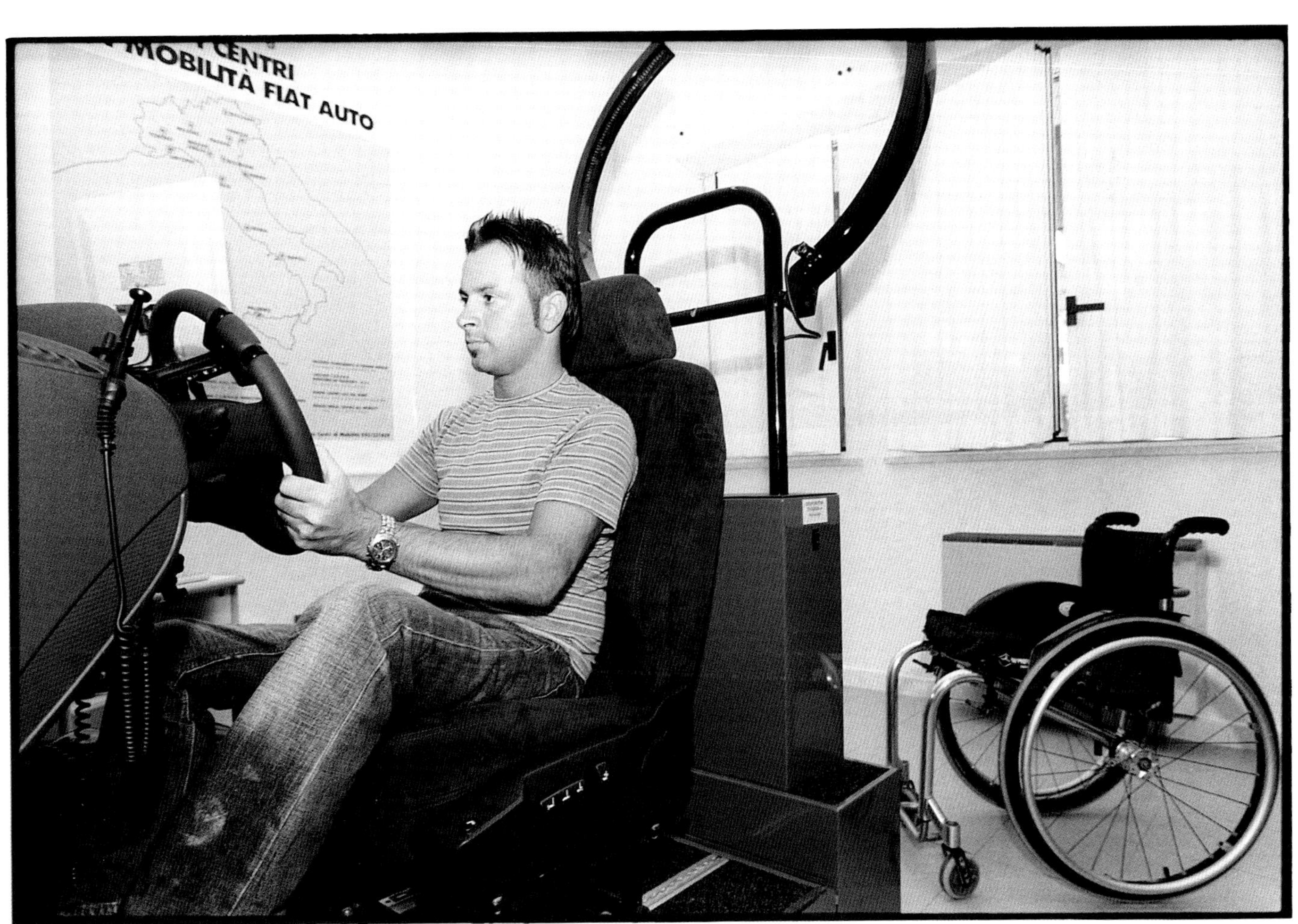

Milan, Associazione Gaetano Negri.
Music therapy. A moment for
recreational activities at the
Associazione Gaetano Negri.

Milano, Associazione Gaetano Negri.
Musicoterapia. Momento di attività
ricreativa dell'Associazione
Gaetano Negri.

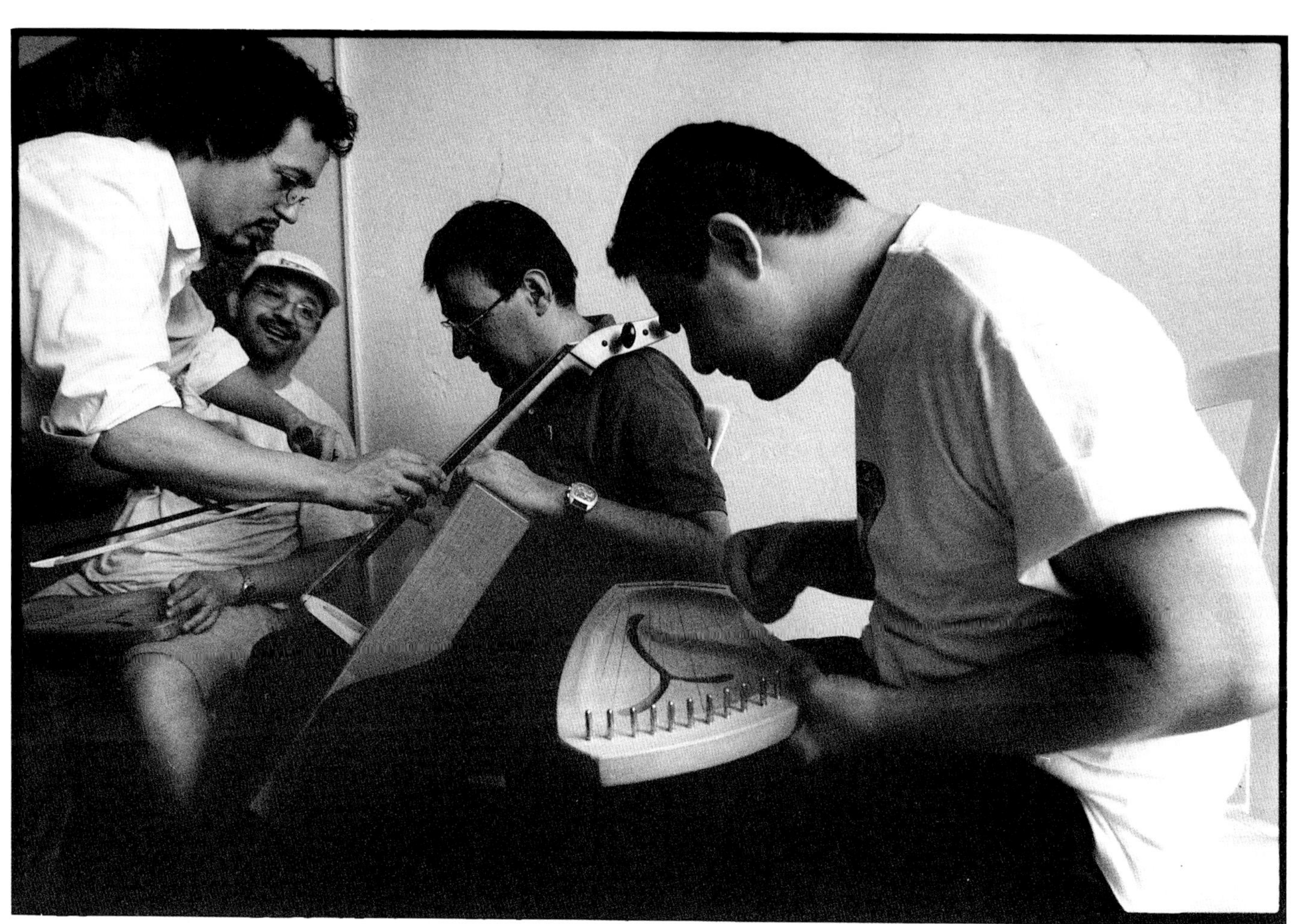

Foligno, Perugia.
La Cooperativa La Locomotiva in Foligno
organizes dance therapy courses for the
disabled, and pottery courses working
with clay and ceramics to foster
increased dexterity.

Foligno, Perugia.
La Cooperativa La Locomotiva di Foligno
organizza corsi di danzaterapia
per disabili e corsi di lavorazione della
creta e della ceramica per il recupero
della manualità.

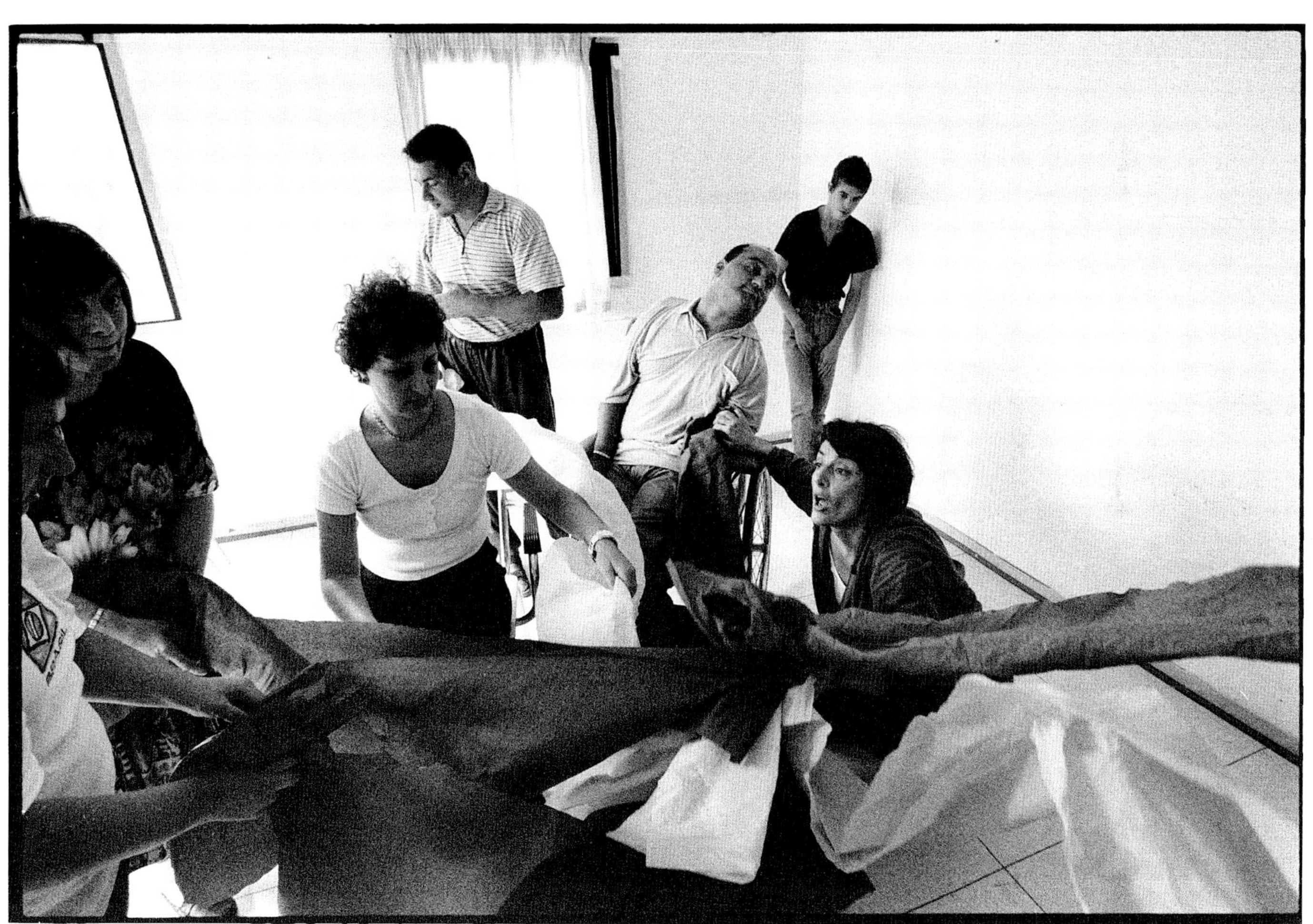

pp. 56-58

Coriano di Rimini. Allevamento Romagnolo [Romagnolo Horse Farm]. Horse therapy.

Coriano di Rimini. Allevamento Romagnolo. Ippoterapia.

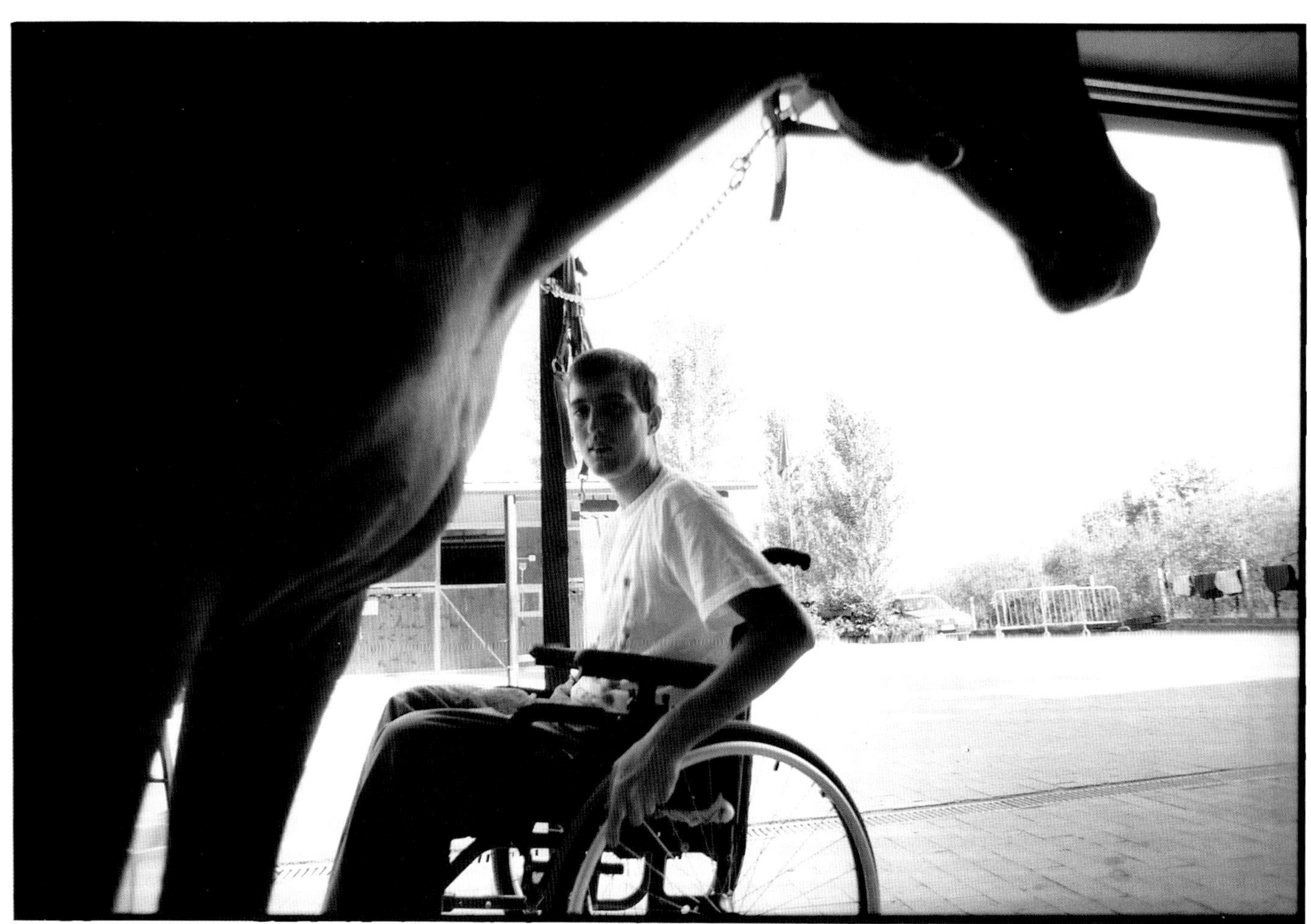

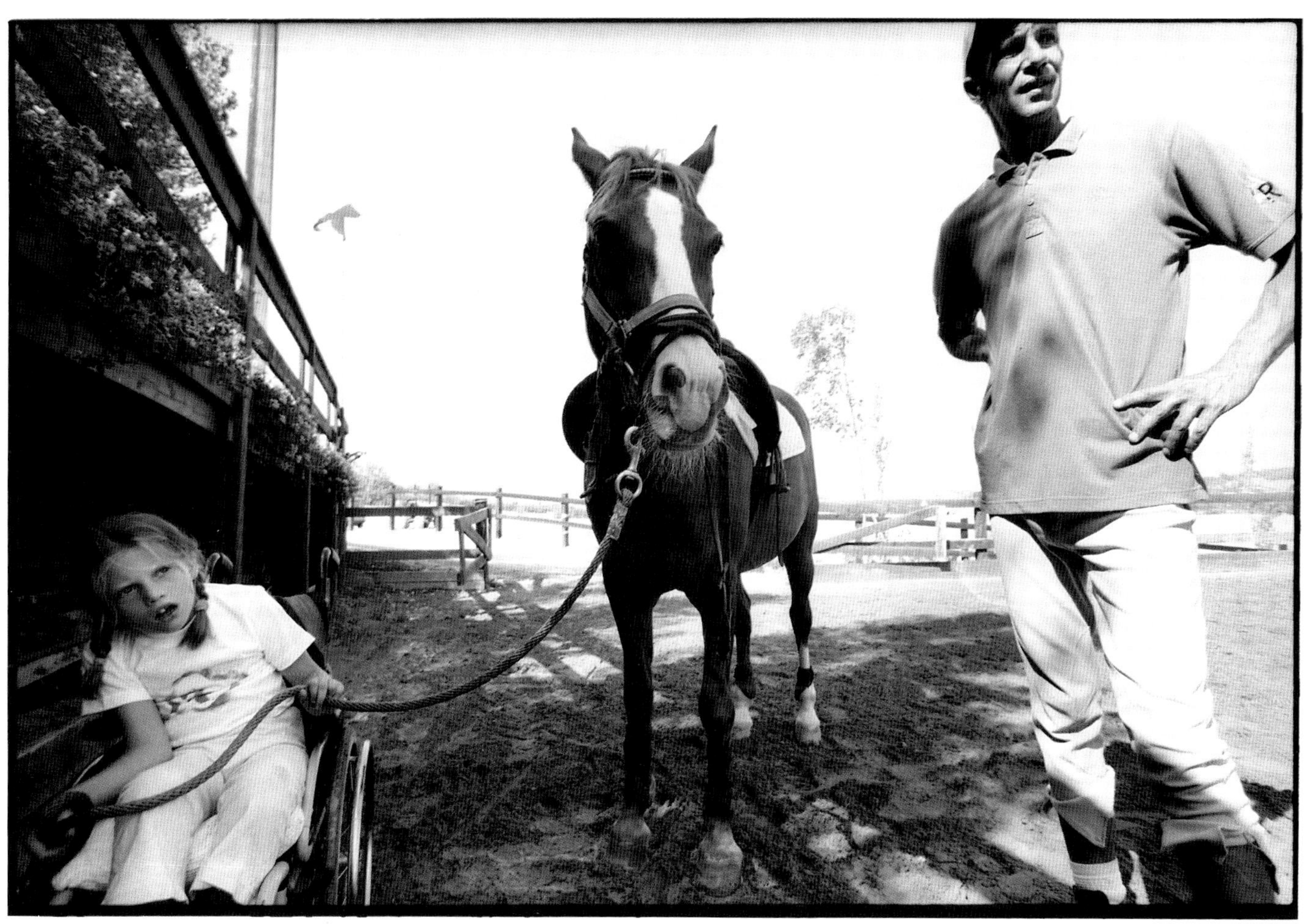

Coriano, Rimini, Centro Montetauro.
Vanessa Fermi suffers from Angelman
Syndrome, an extremely rare disease
occurring in an estimated one out of
62,000 cases. The children affected by
this disease usually have low birth
weight, blond hair, blue eyes and small,
widely spaced teeth.

Coriano, Rimini, Centro Montetauro.
Vanessa Fermi è affetta dalla Sindrome
di Angelman, sindrome in prevalenza
stimata di 1 su 62.000 casi. I bambini
affetti da questo morbo presentano,
in genere, basso peso alla nascita,
capelli biondi, occhi azzurri, denti
piccoli e spaziati.

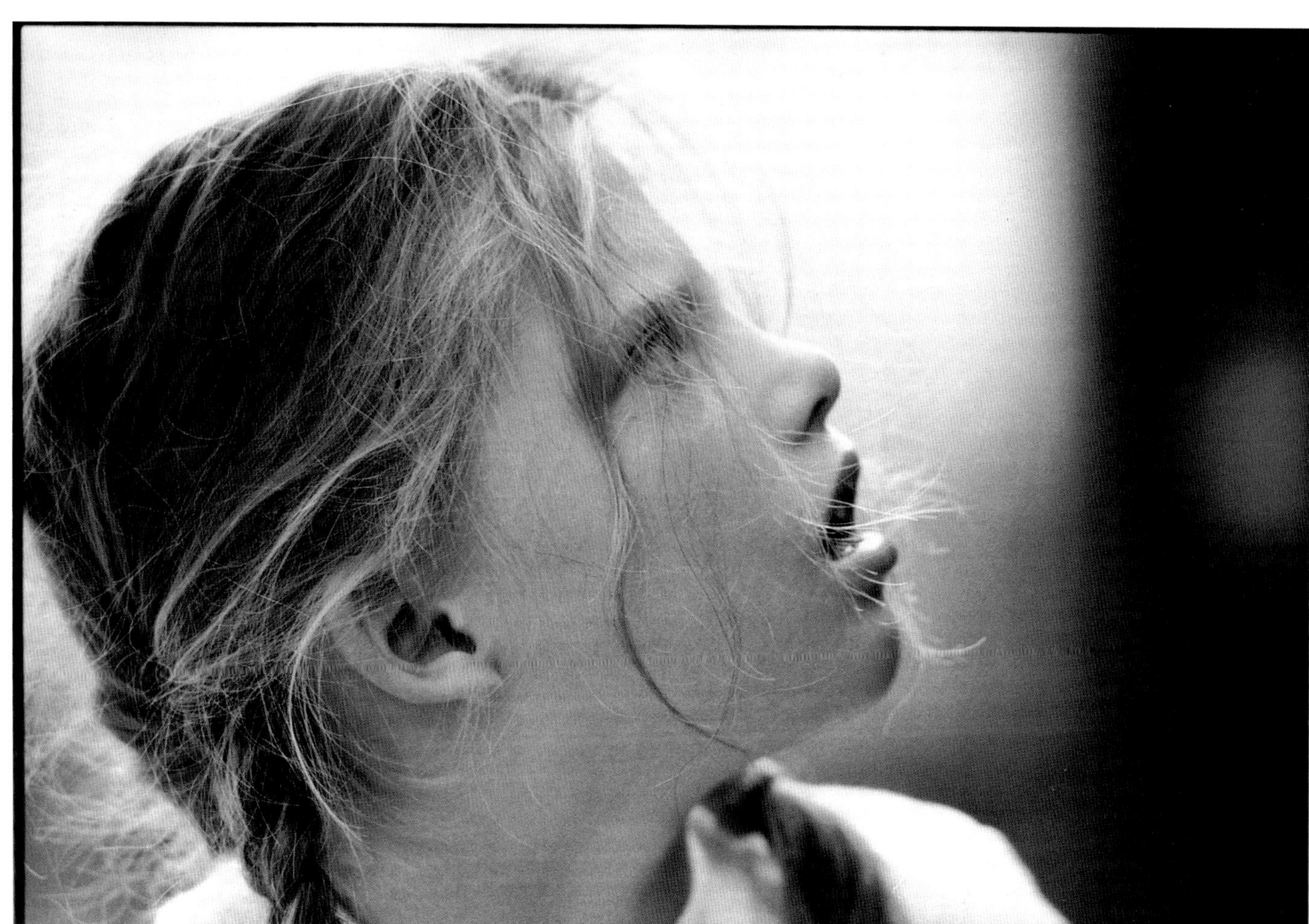

Montetauro, Rimini.
The Centro socioeducativo Montetauro
is a religious community located in the
Rimini hills, which hosts people
affected by serious physical and mental
diseases and impairments. In addition
to assistance, rehabilitation and
socialization, they use horse therapy.

Montetauro, Rimini.
Il Centro socioeducativo di Montetauro
è una comune religiosa situata sulle
colline riminesi; ospita persone affette
da malattie e carenze mentali e fisiche
gravi. Oltre all'assistenza, alla
riabilitazione e alla socializzazione, si
pratica attività di ippoterapia.

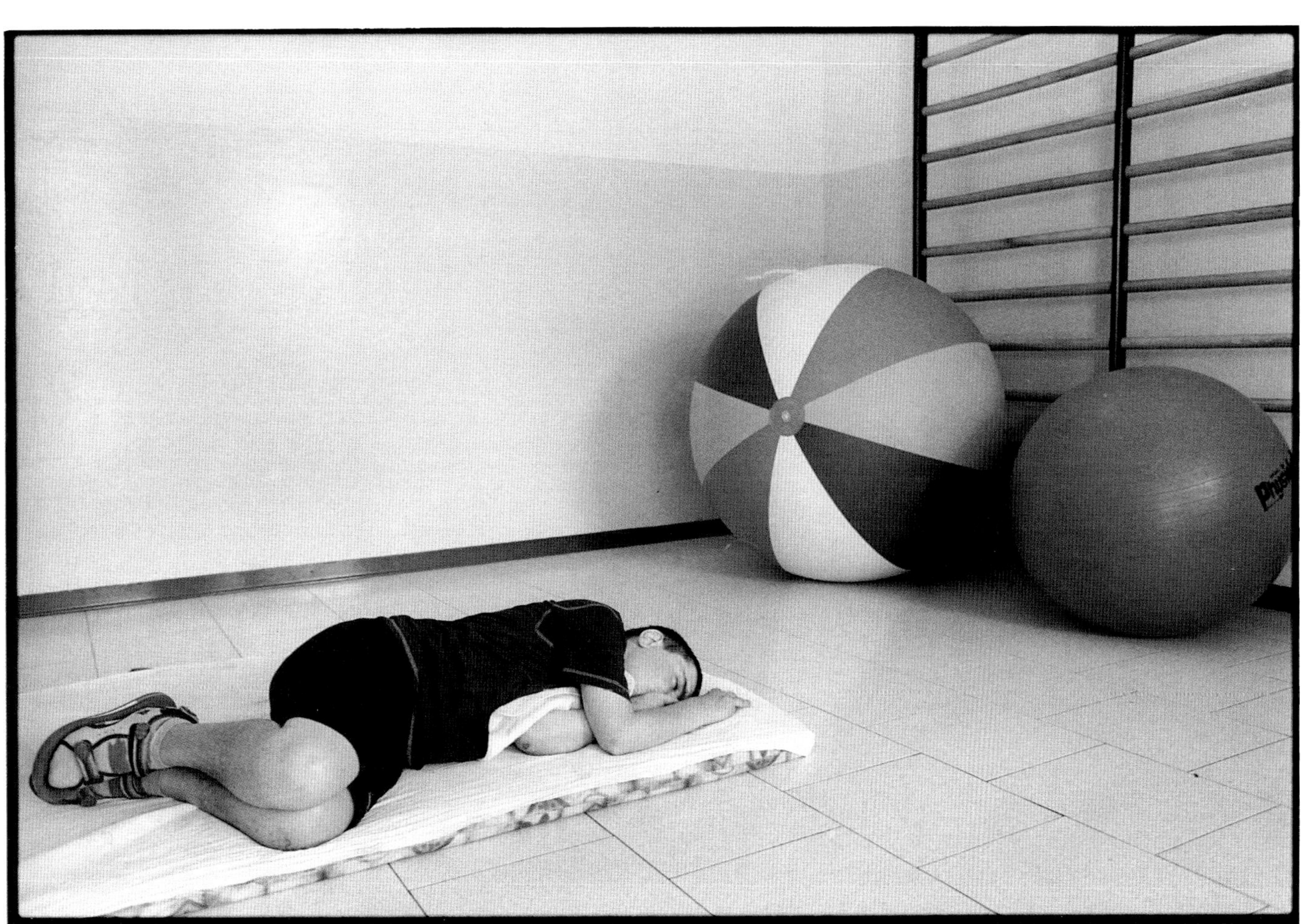

pp. 61-65

Valeggio sul Mincio, Verona.
Francesca Porcellato.

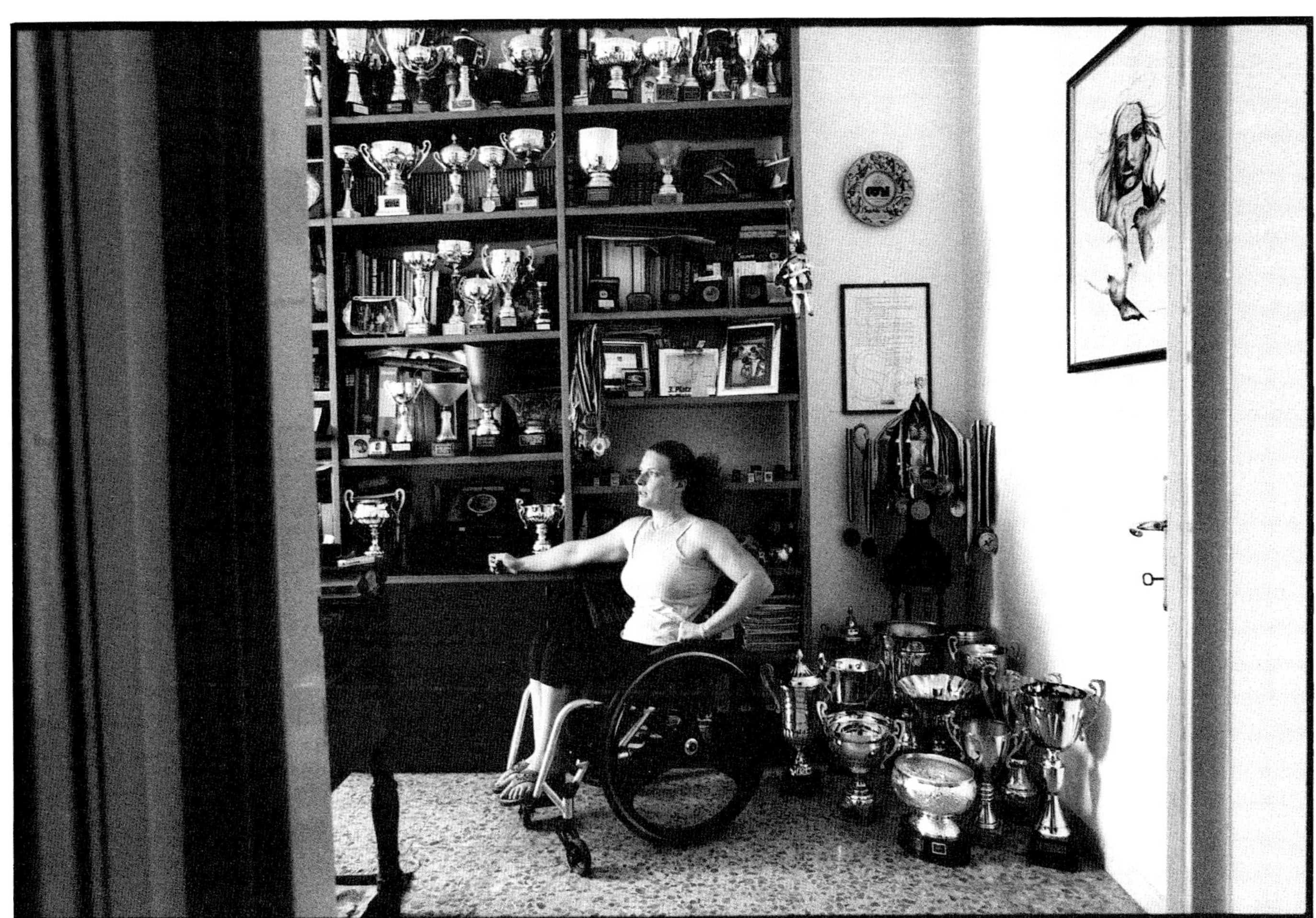

Valeggio sul Mincio, Verona.
Francesca Porcellato.

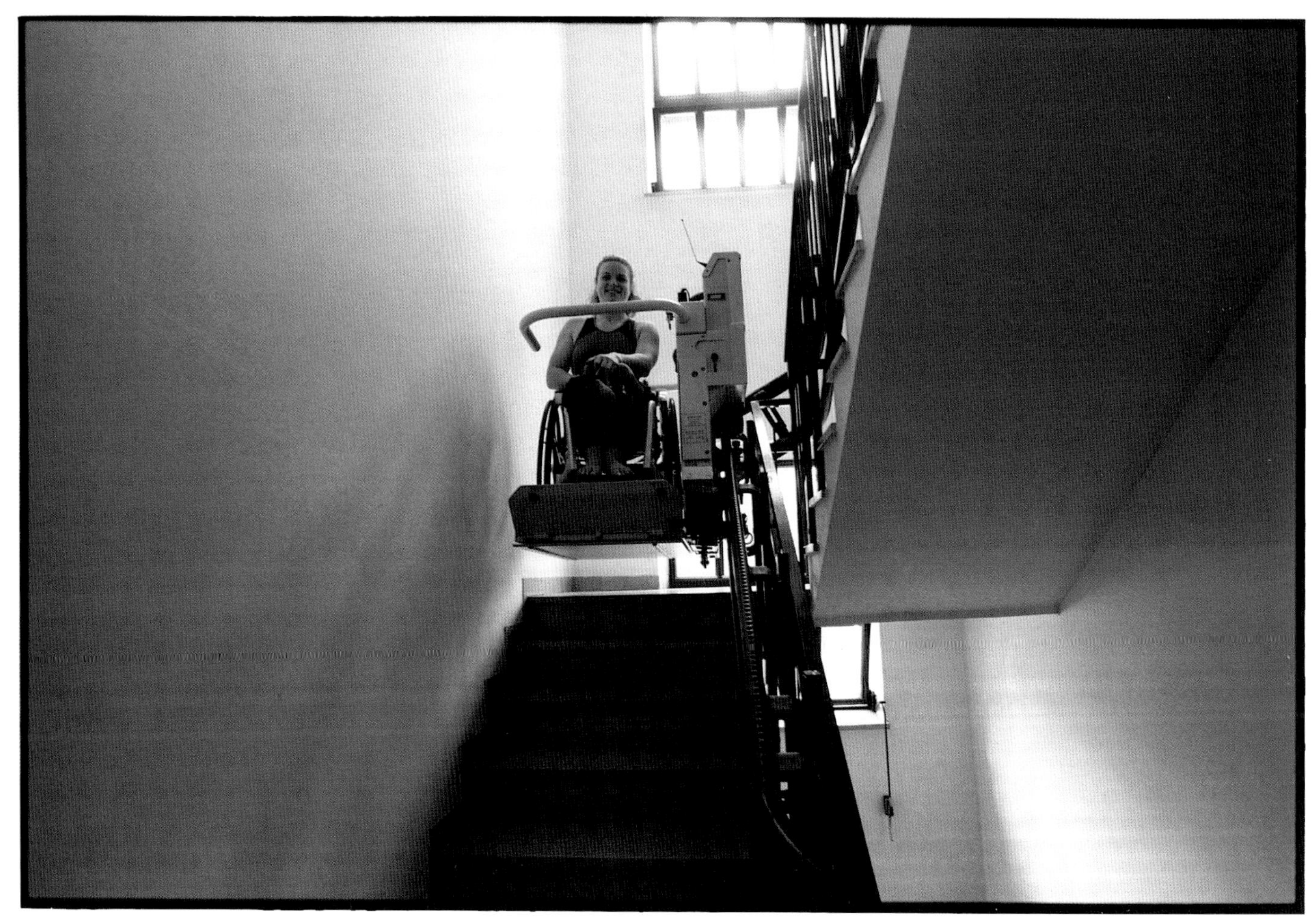

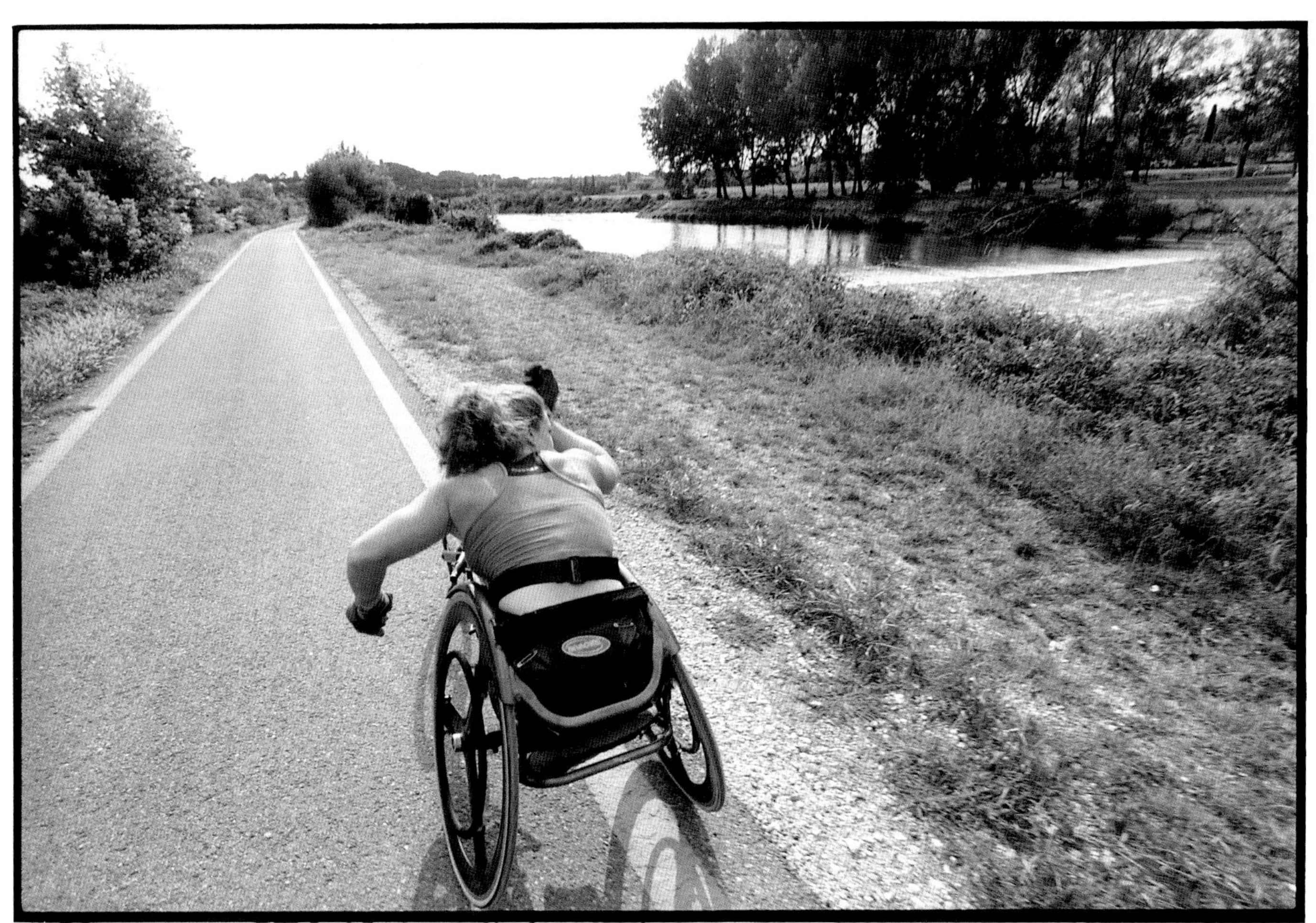

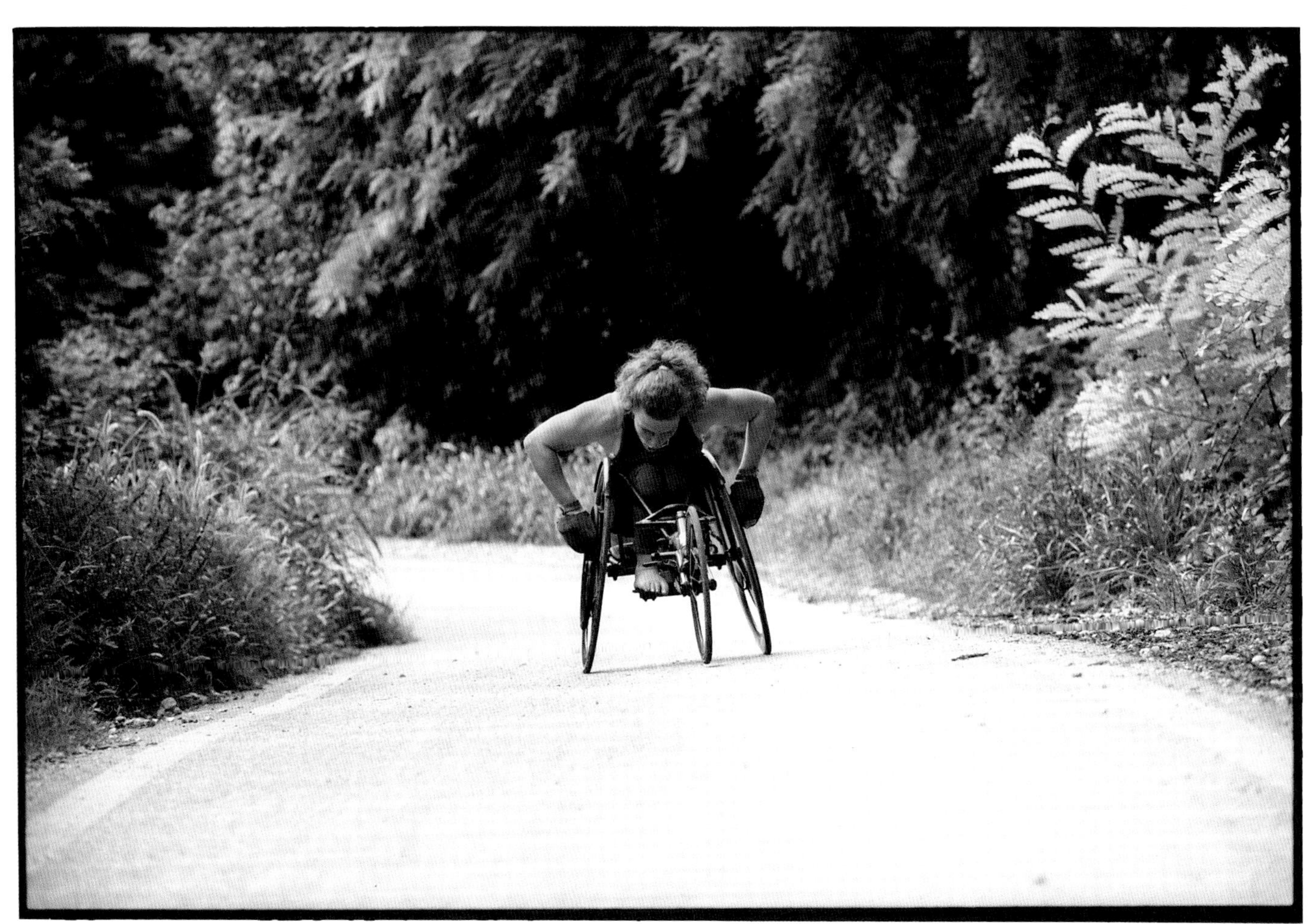

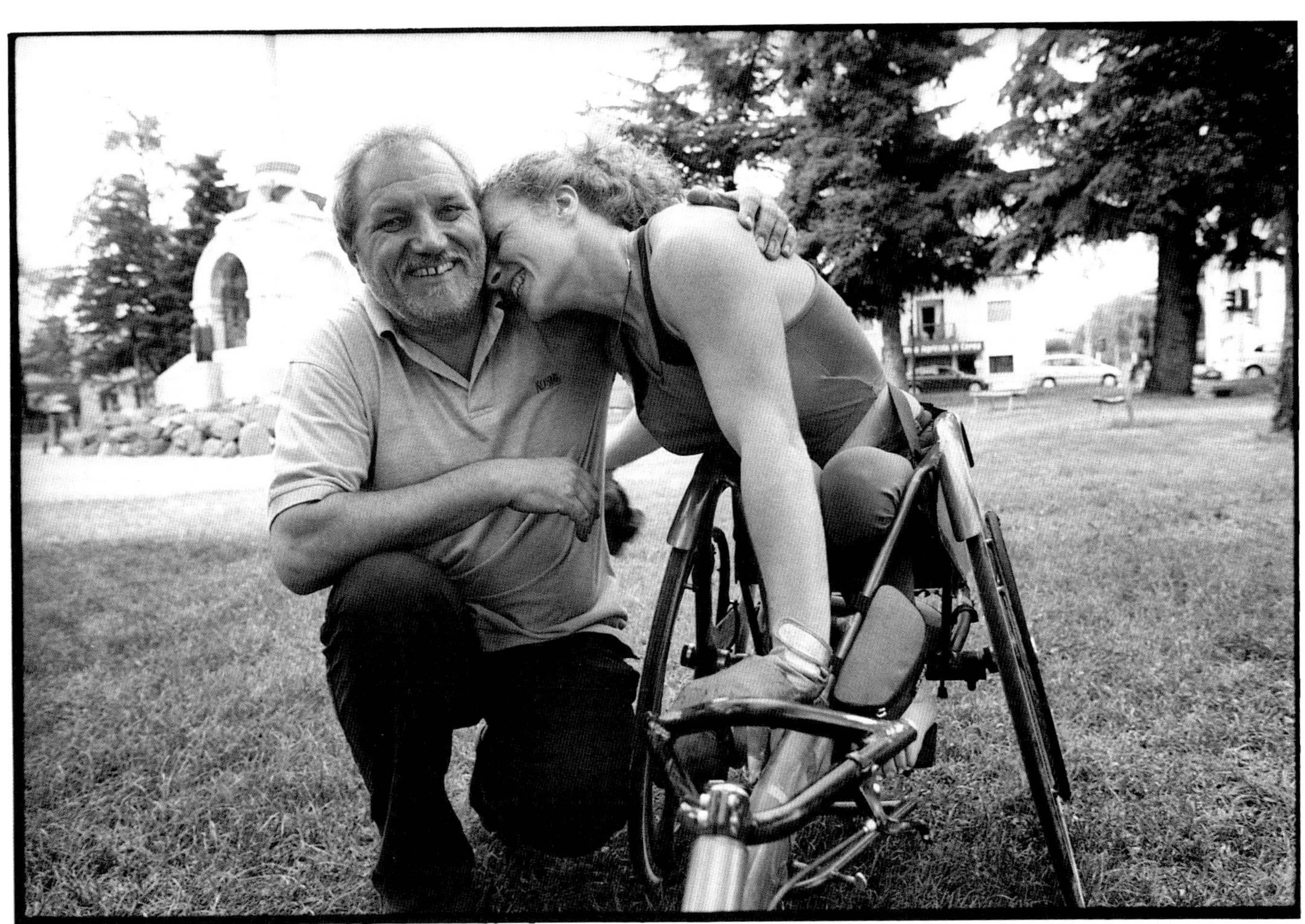

pp. 66-70
Viserba di Rimini, Centro Sol et Salus.
Il Centro è un ospedale privato
accreditato dalla Regione Emilia
Romagna; ospita fino a 140 degenti
suddivisi nei cinque reparti specializzati:
riabilitazione neurologica, riabilitazione
ortopedica, terapia intensiva post
rianimatoria, chirurgia ortopedica,
medicina del dolore.

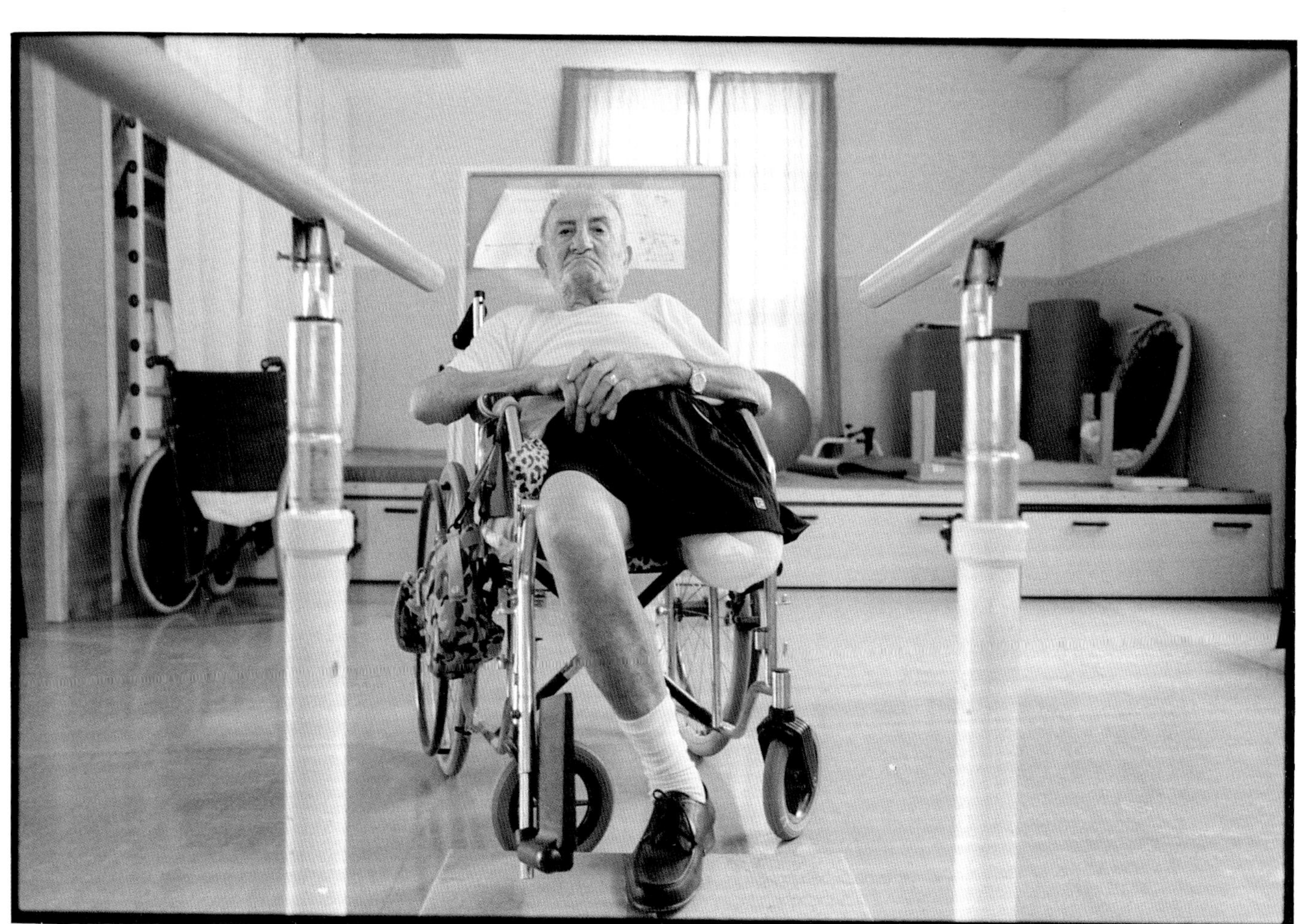

Both temporary and irreversible
patients are admitted, and specific
therapies are used for the reacquisition
of motor faculties and the use of limbs
impaired by stroke or trauma.

Sono ricoverati malati temporanei e
irreversibili, si praticano terapie
specifiche per riacquistare la facoltà
motoria e l'uso delle parti lese
da ictus o da trauma.

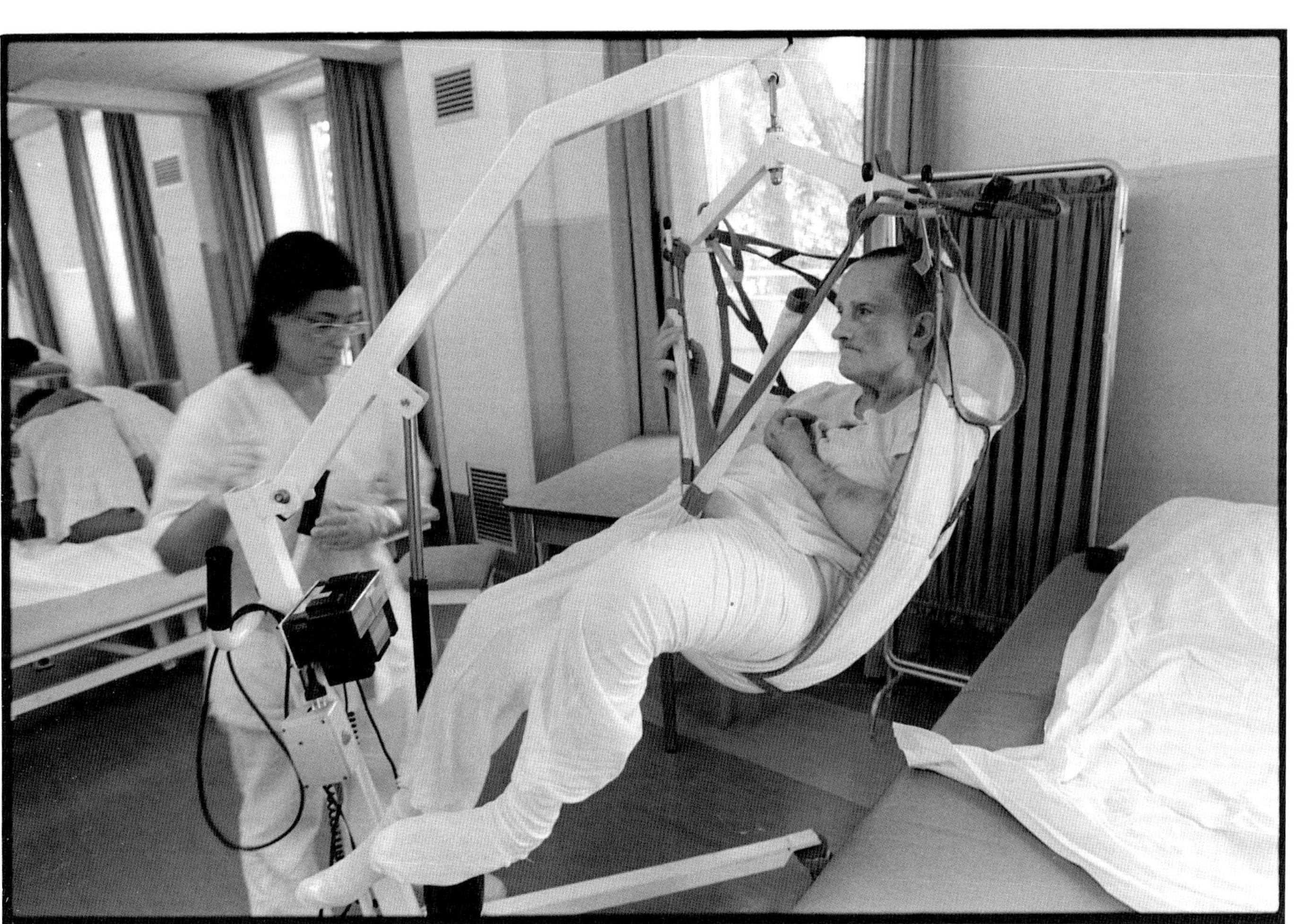

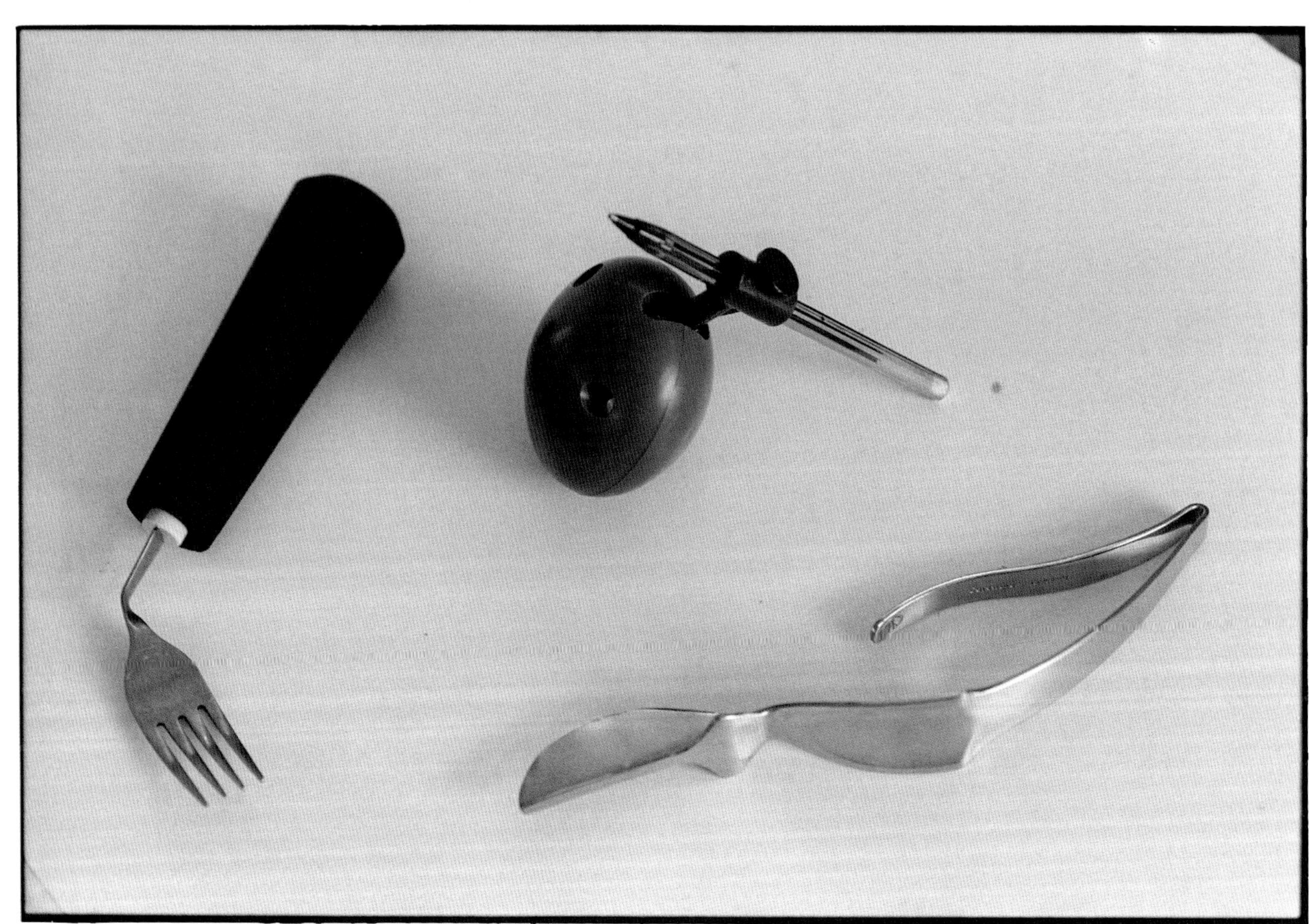

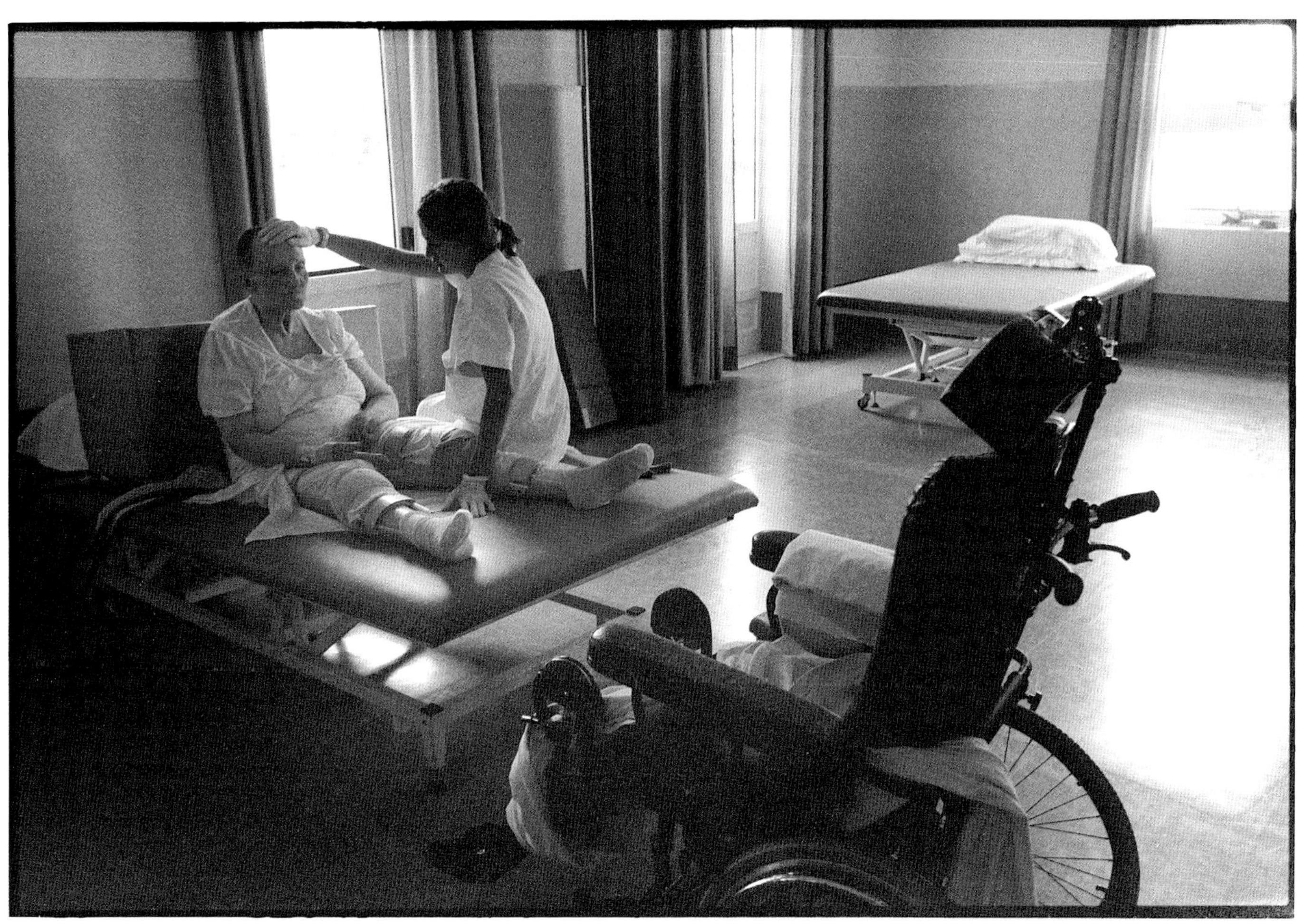

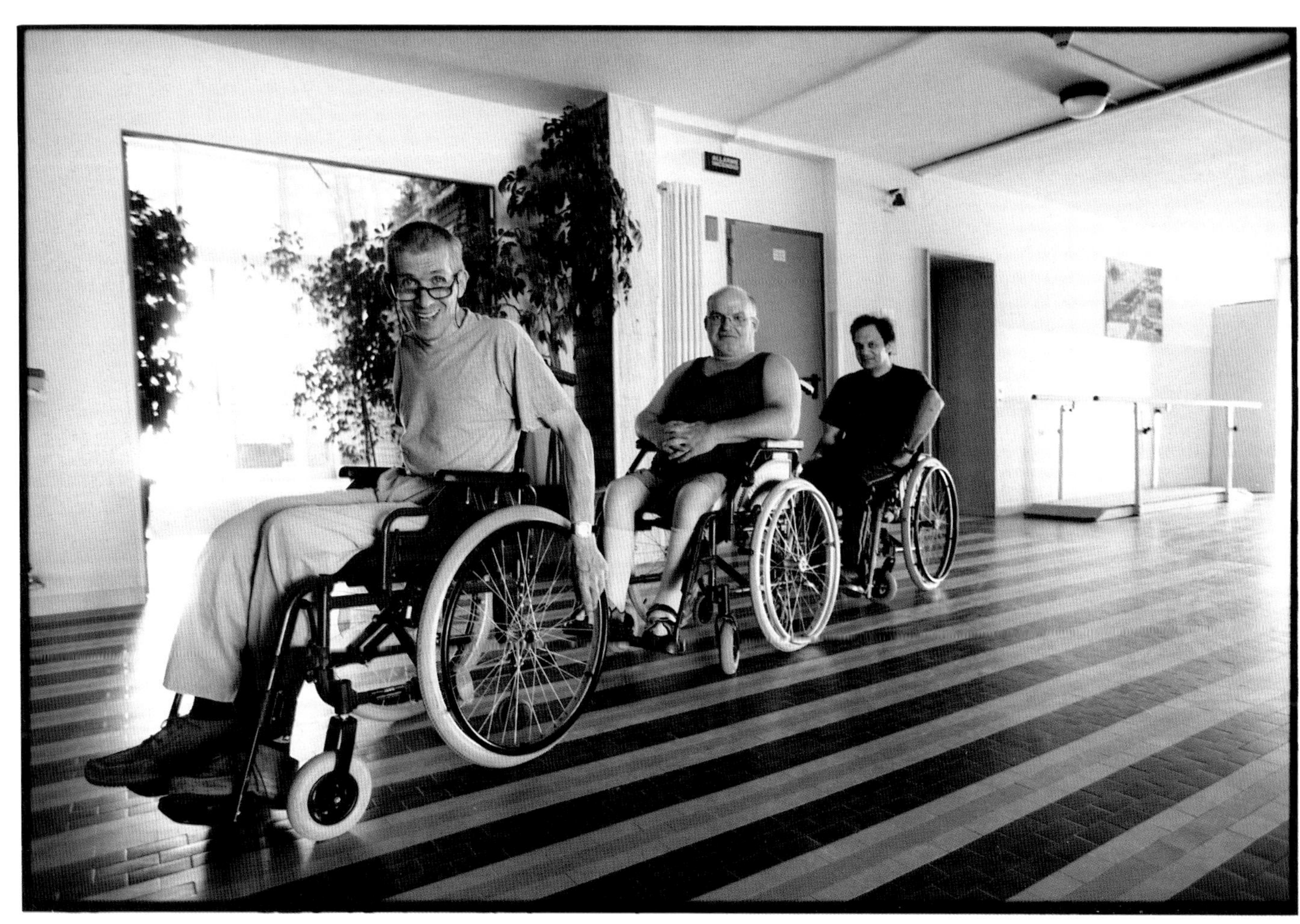

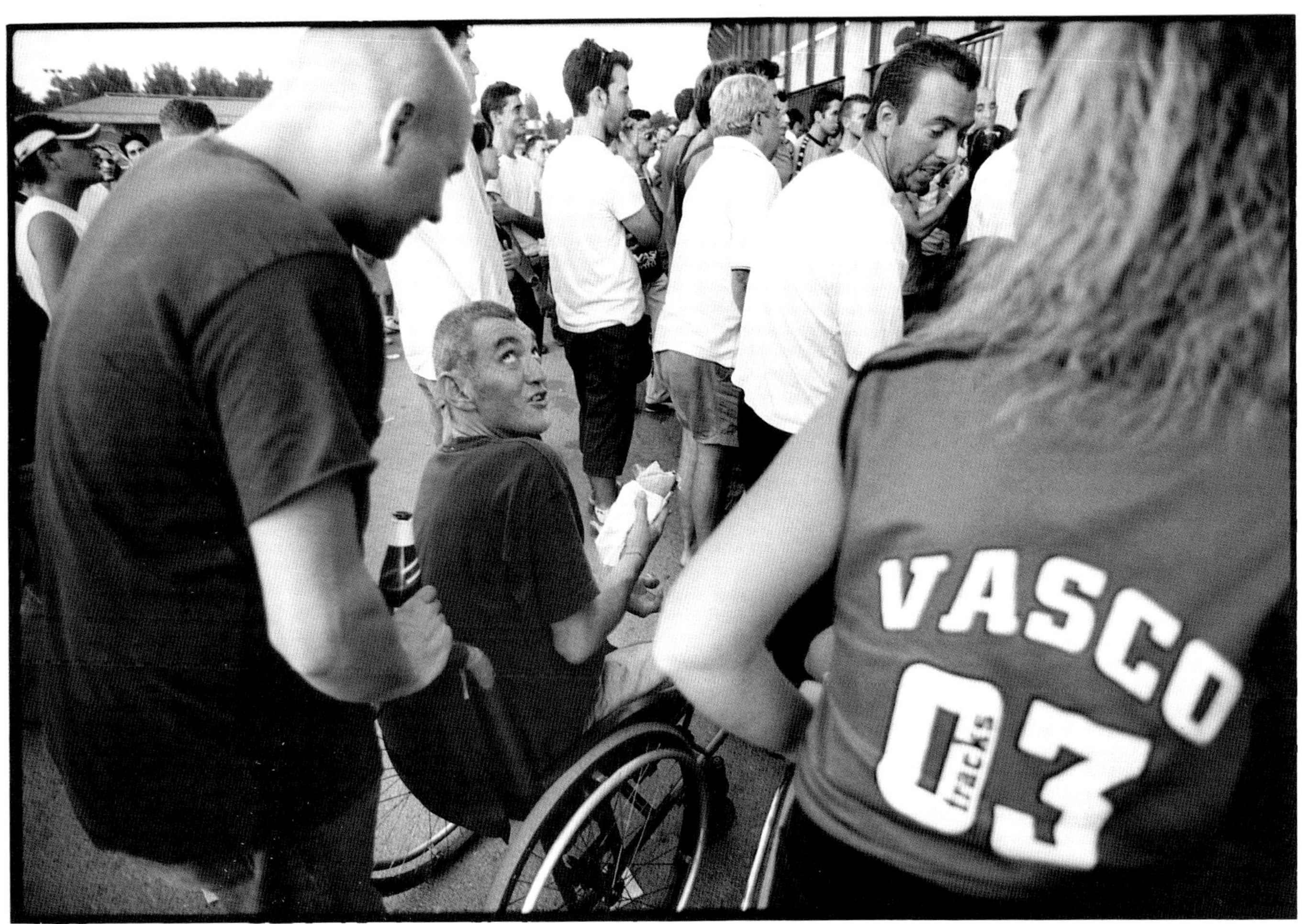
VASCO
tracks
03

Viserba di Rimini, private beach
at Sol et Salus.
Francesco Paolo Menditto from Naples
and Filli Fabozzi from Florence.

Viserba di Rimini, spiaggia privata
del Sol et Salus.
Francesco Paolo Menditto di Napoli
e Filli Fabozzi di Firenze.

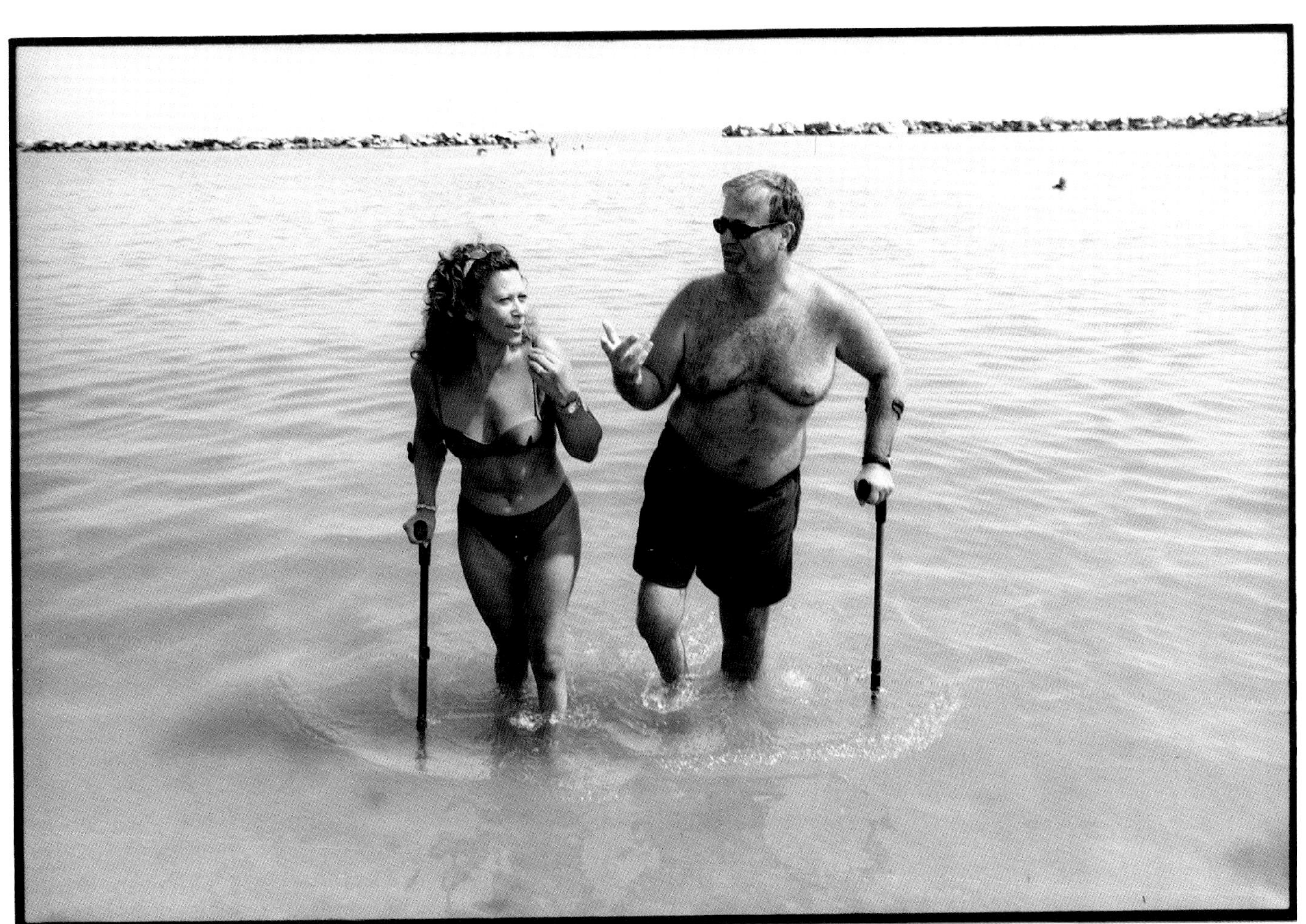

pp. 74, 75

Viserba di Rimini, private beach at Sol et Salus.

Viserba di Rimini, spiaggia privata del Sol et Salus.

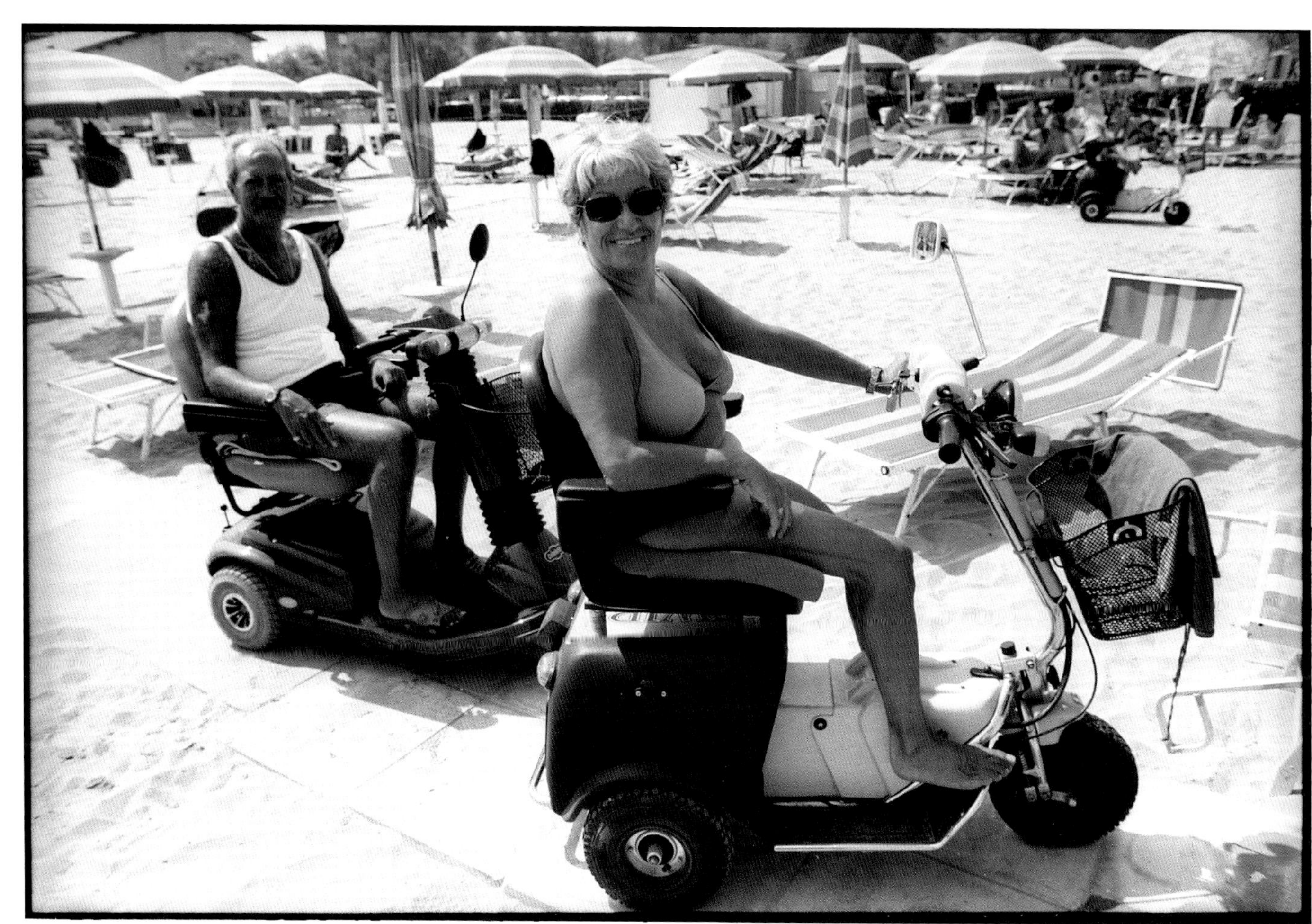

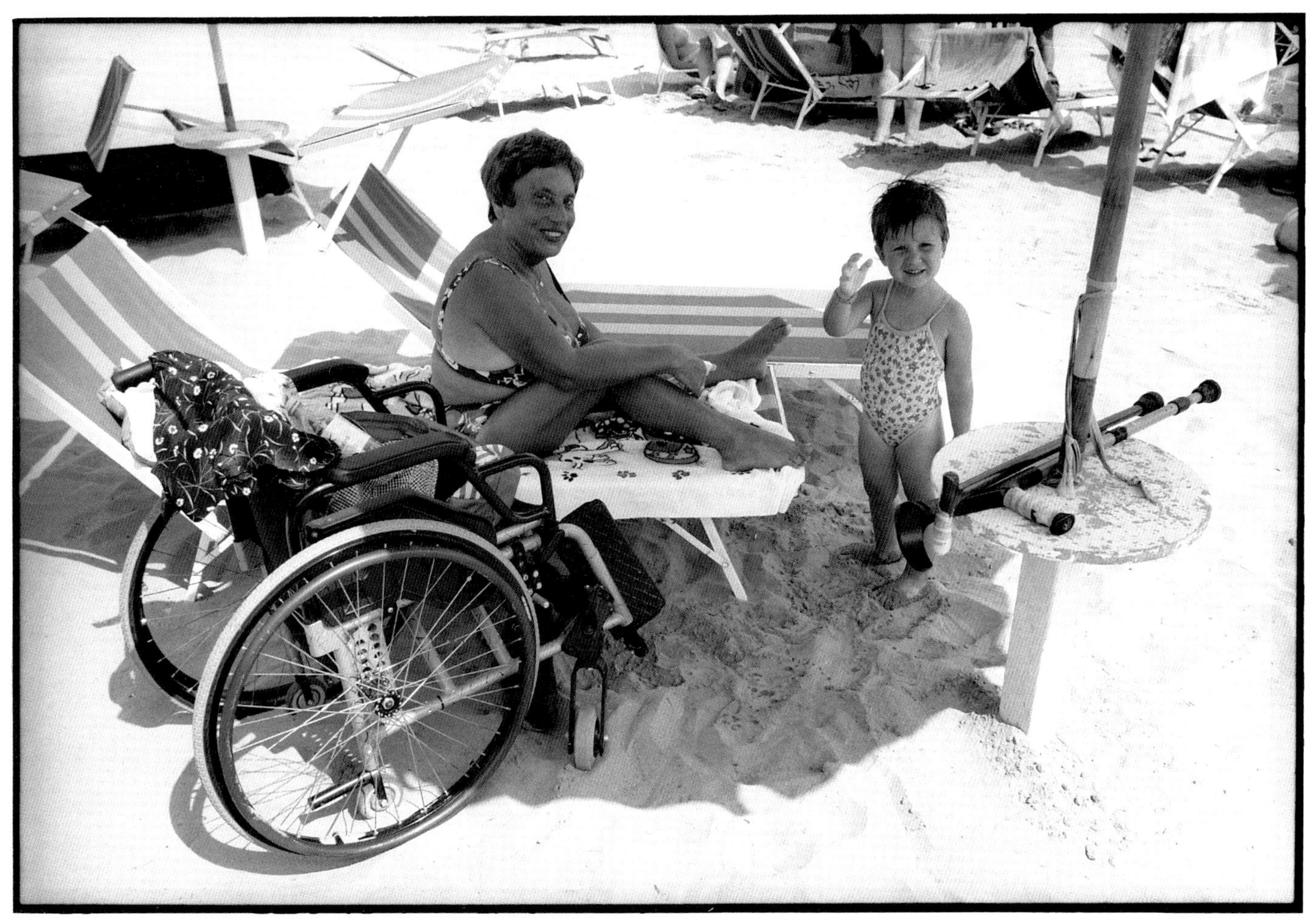

Bologna, Antonietta Laterza,
rock singer.
Based on her music, Francesco Guccini
wrote the song "Campioni."

Bologna, Antonietta Laterza,
cantante rock.
Francesco Guccini ha scritto, sulle sue
musiche, la canzone *Campioni*.

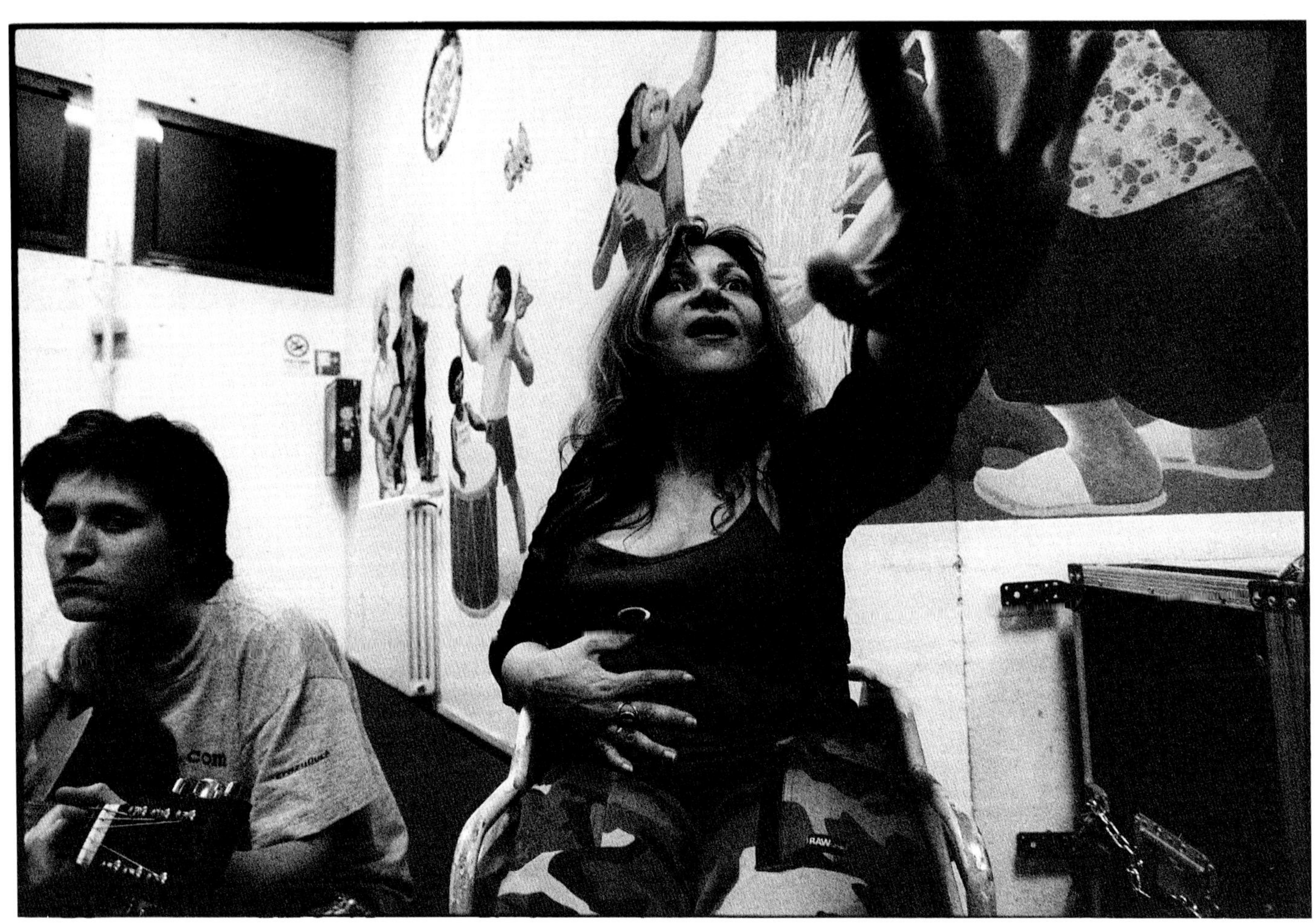

Milan, Cooperativa sociale di
solidarietà A.La.t.Ha Onlus.
Work and transportation assistance
for the disabled.

pp. 77-79
Milano, Cooperativa sociale di
solidarietà A.La.t.Ha Onlus.
Assistenza lavoro e trasporto
Handicappati.

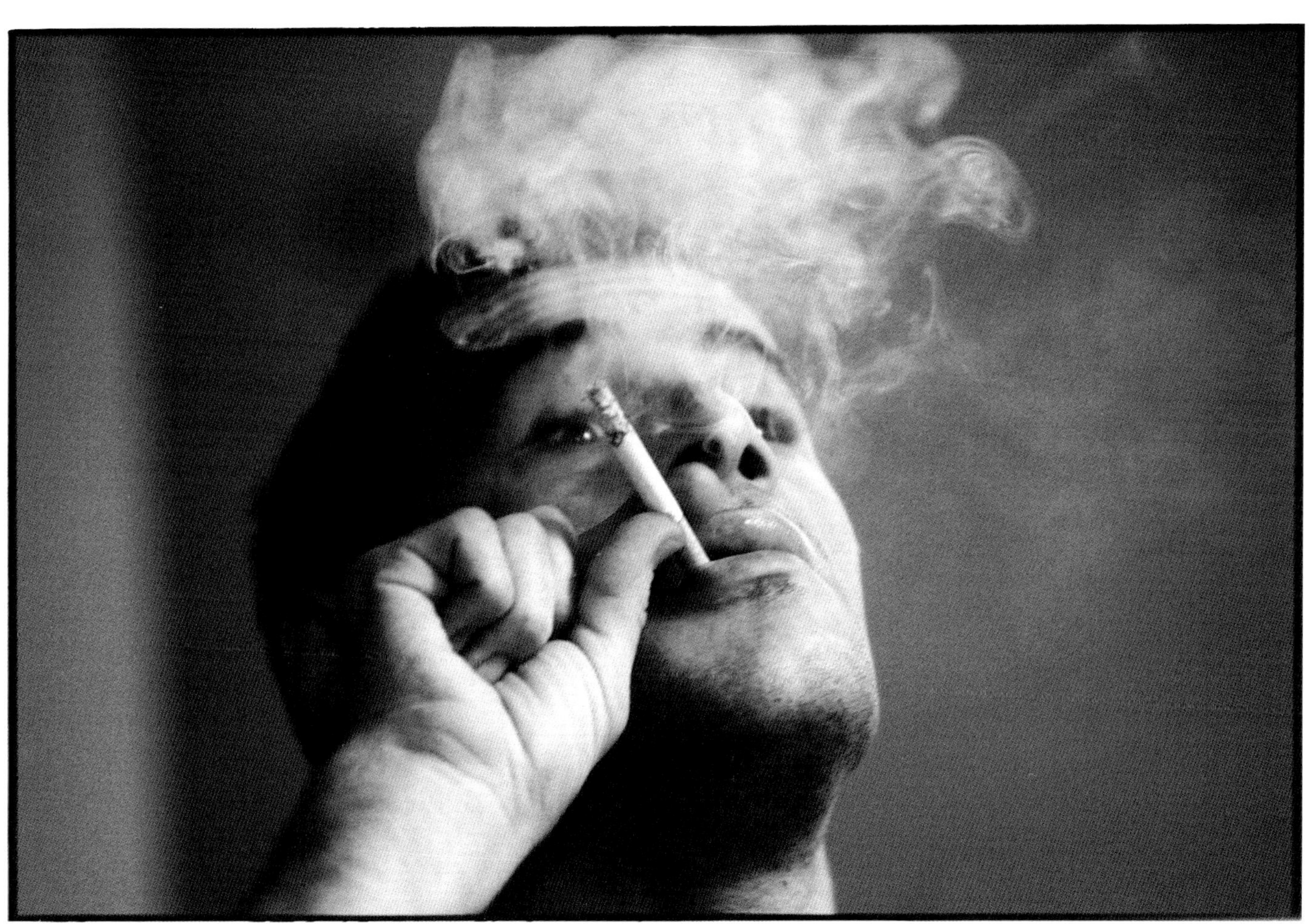

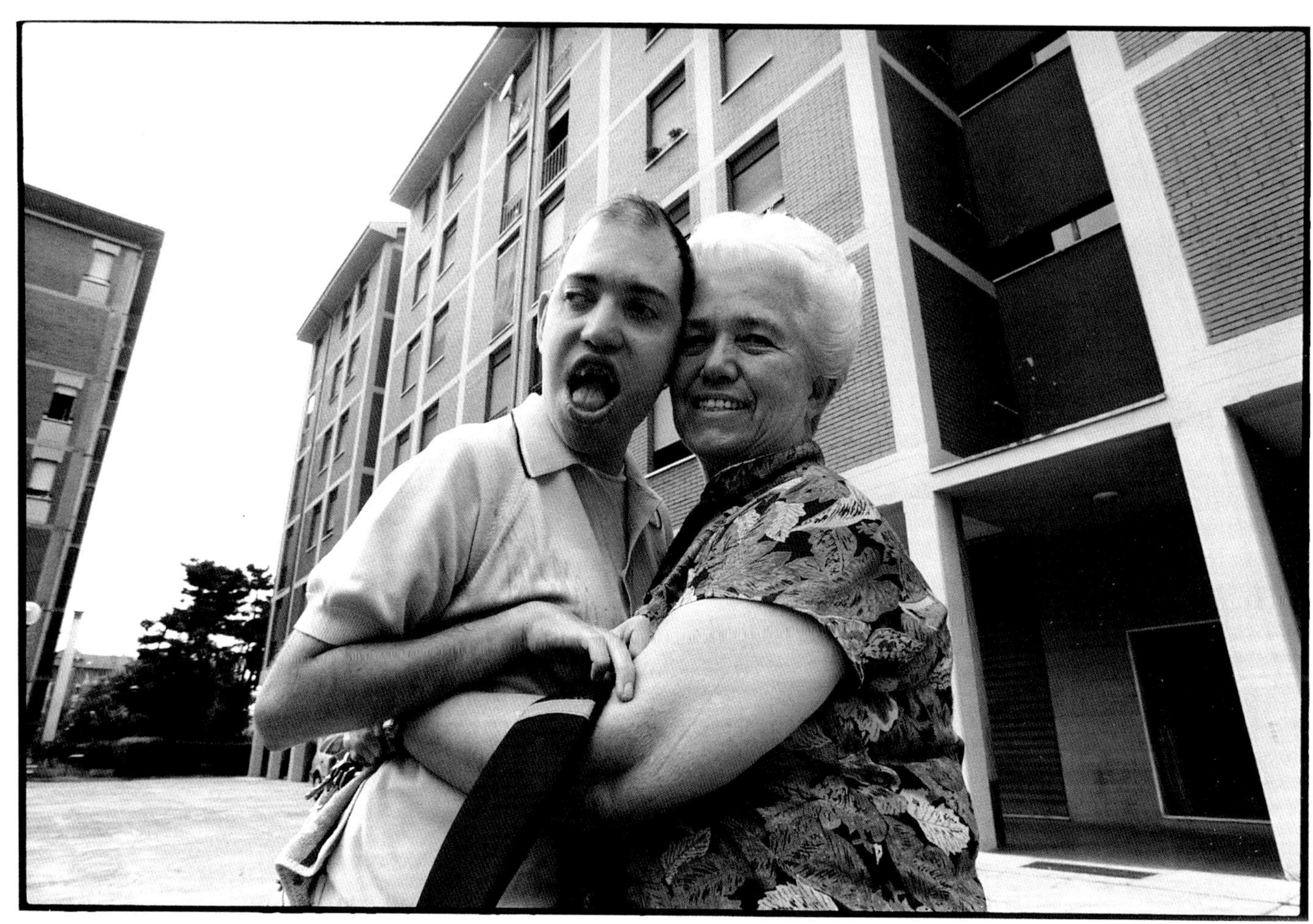

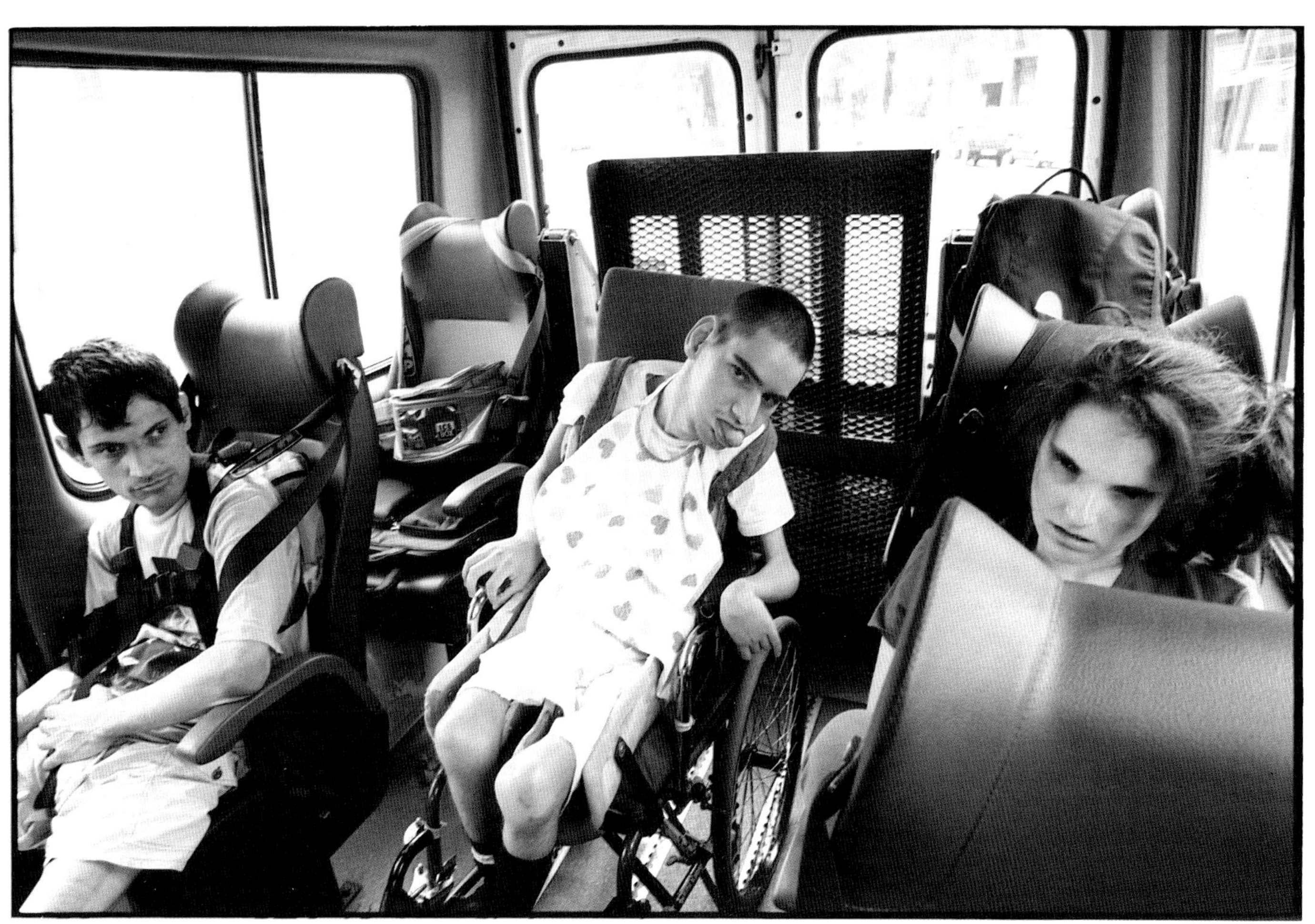

pp. 80, 81

Milan. Torchrunner athletic event,
Special Olympics games for the
mentally disabled. The arrival at the
Milan Arena of the torch that left
from Athens for Dublin.

Milano. Manifestazione sportiva
Torchrunner, Special Olimpics, giochi
per disabili mentali. Arrivo all'Arena
di Milano della fiaccola partita
da Atene per Dublino.

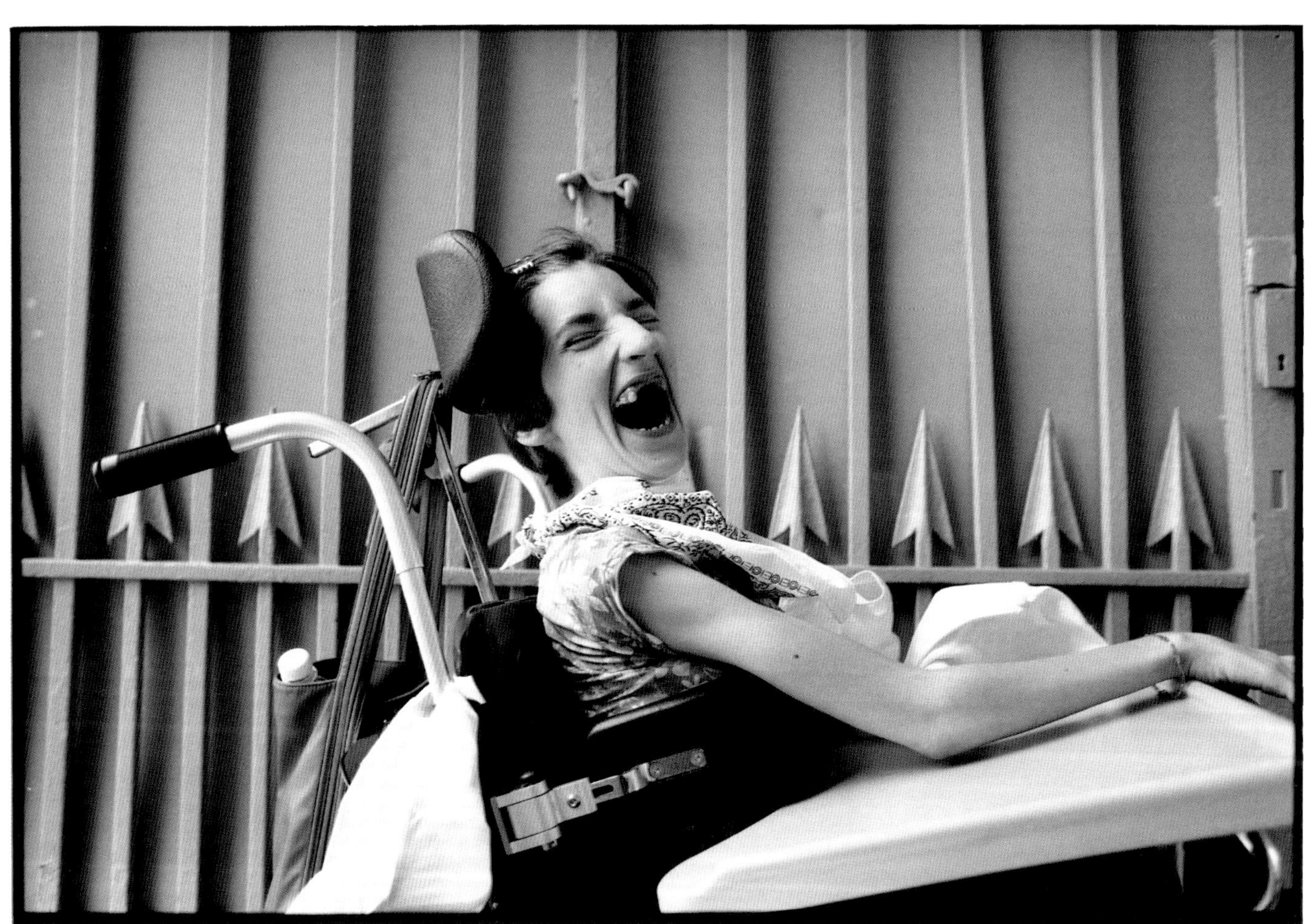

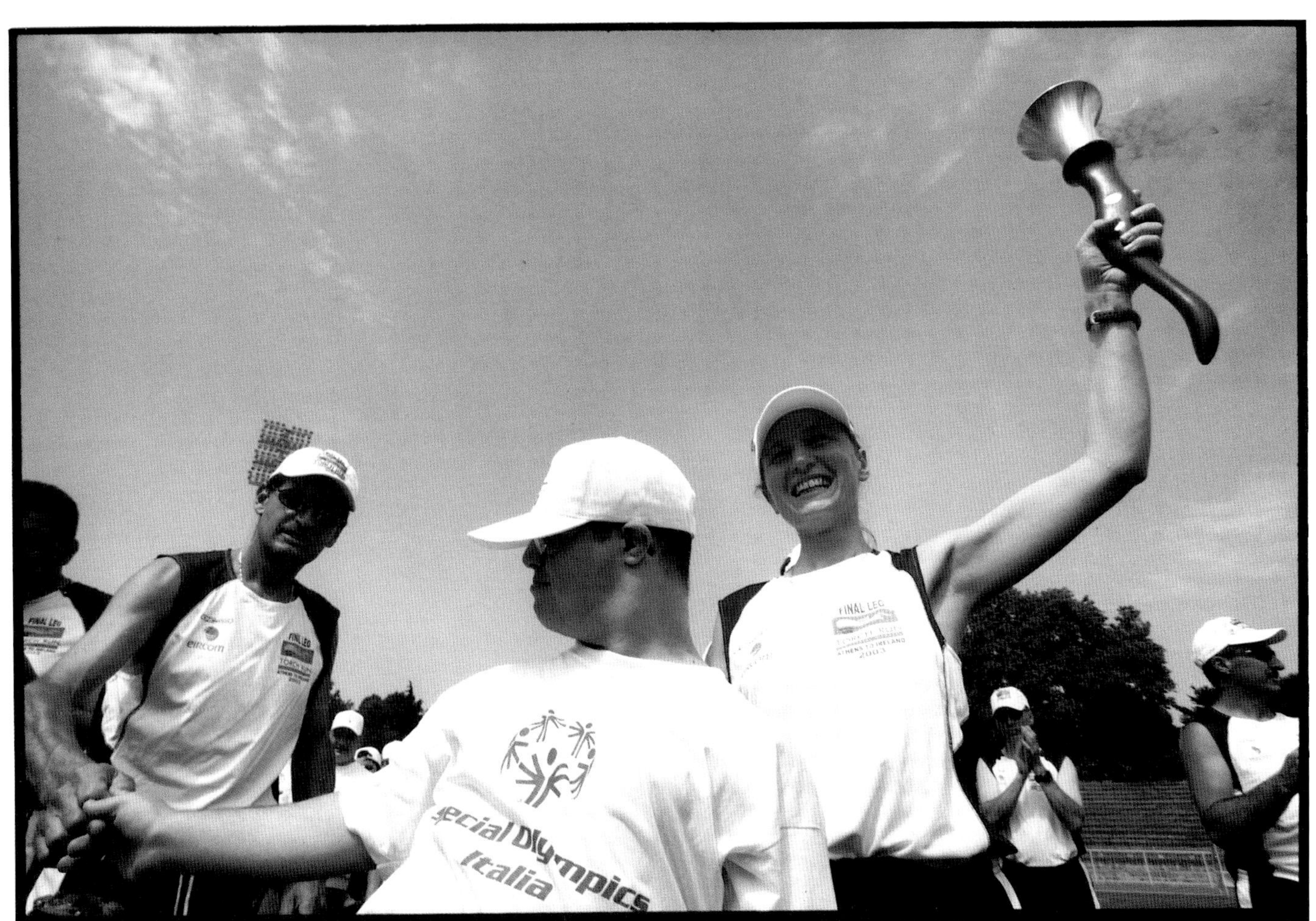

FINAL LEG
Special Olympics
Italia

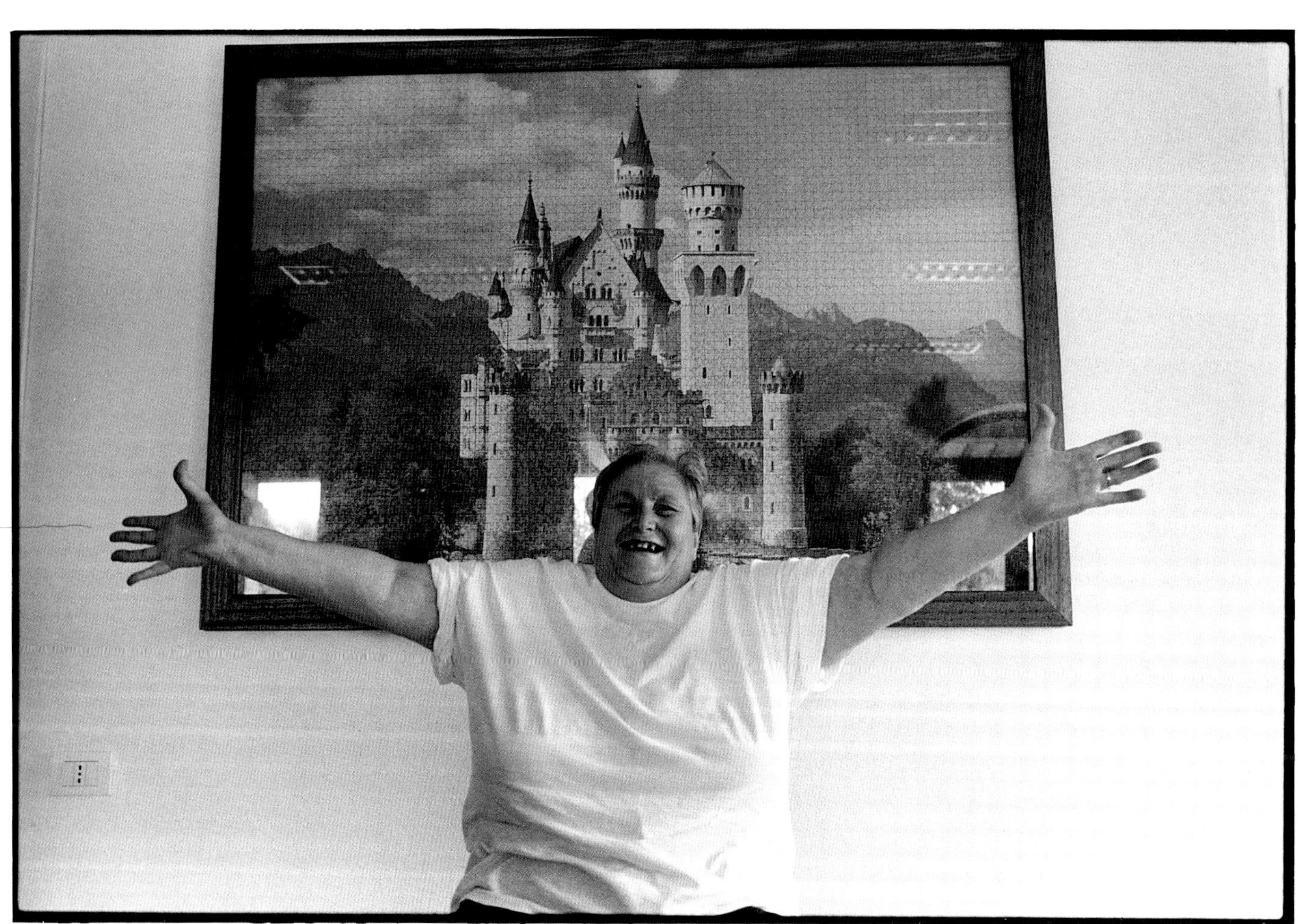

Villa Verucchio, Rimini. Novella from the Cooperativa La Goccia greets us with open arms. The Cooperativa sociale La Goccia was founded in the seventies with the goal of contributing to the social integration of people with psychophysical and psychiatric impairments.

pp. 82, 83
Villa Verucchio, Rimini. Novella, della Cooperativa La Goccia, ci saluta a braccia aperte. La Cooperativa sociale La Goccia è sorta negli anni Settanta con l'intento di contribuire all'integrazione sociale di persone con deficit psicofisico e psichiatrico.

It is a day center where young people
learn auto mechanics, production
of tools and other objects,
and agriculture.

È un centro diurno dove ai ragazzi
vengono insegnati lavori di officina,
produzione di utensileria, oggettistica di
vario genere e coltivazione della terra.

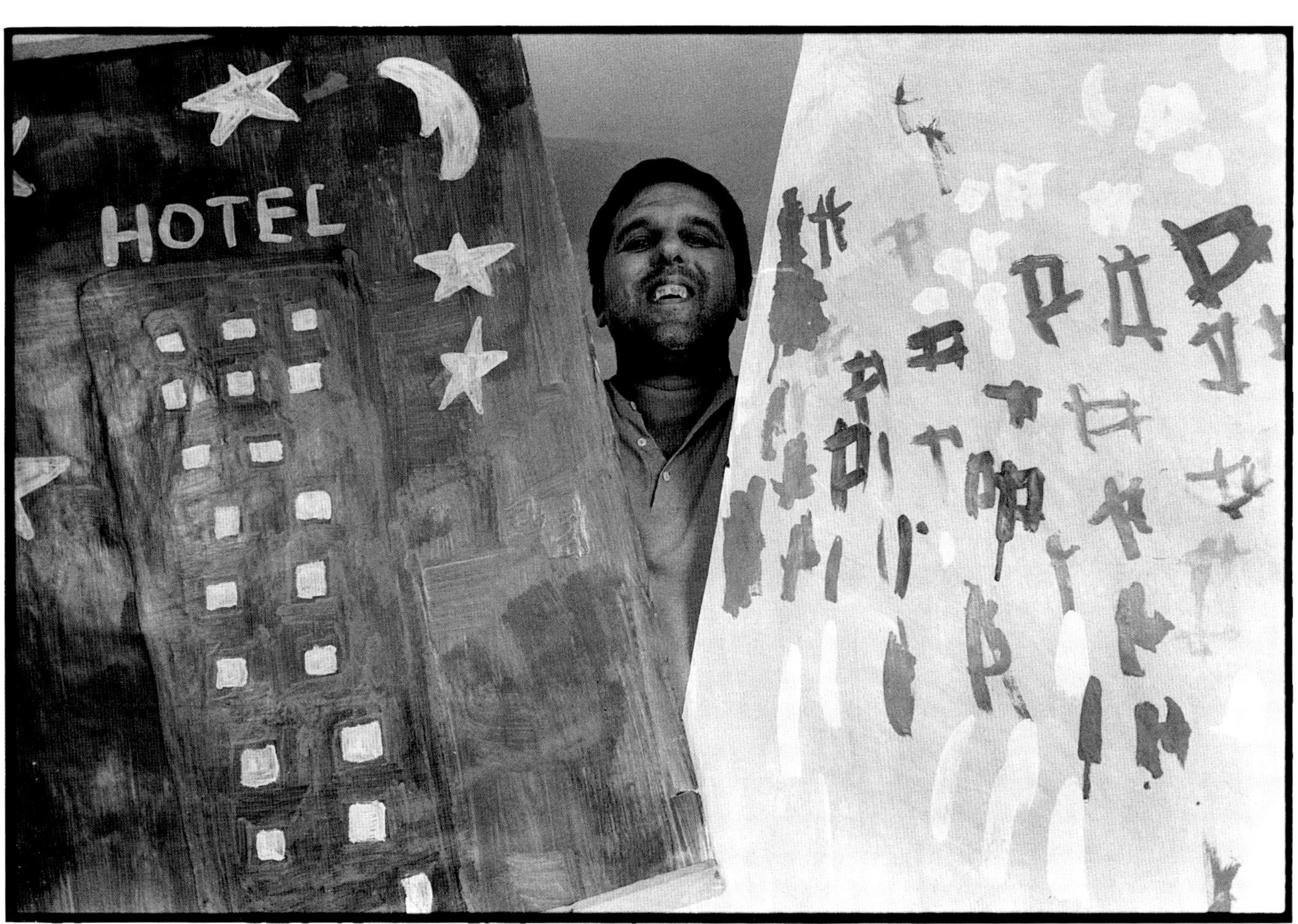

Cassino, Frosinone. Town school,
performance of the musical group Ladri
di Carrozzelle, part of the "Sport
Disabili In Piazza" event.

Cassino, Frosinone. Scuola comunale,
esibizione del gruppo musicale Ladri
di Carrozzelle, all'interno della
manifestazione *Sport Disabili In Piazza*.

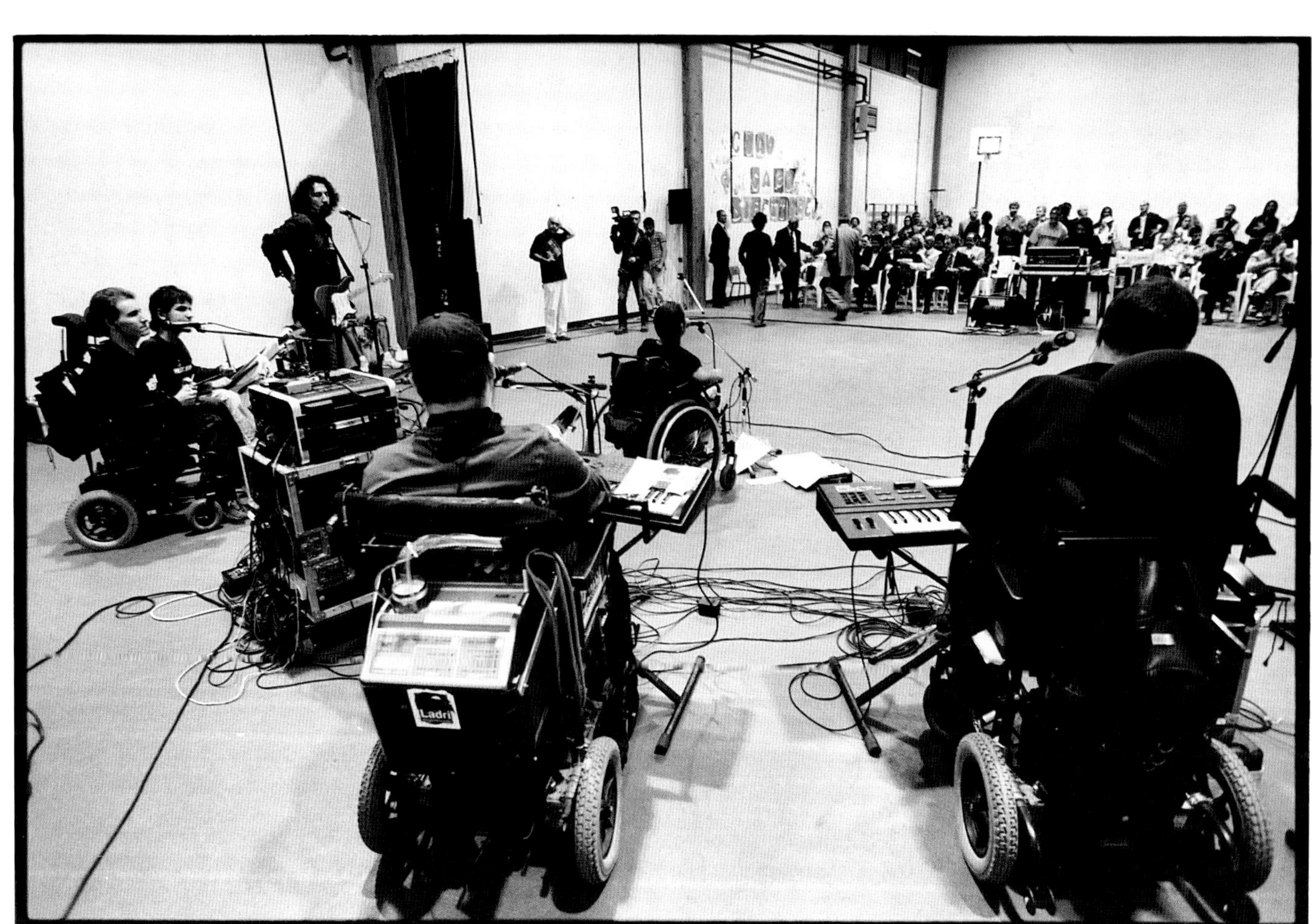

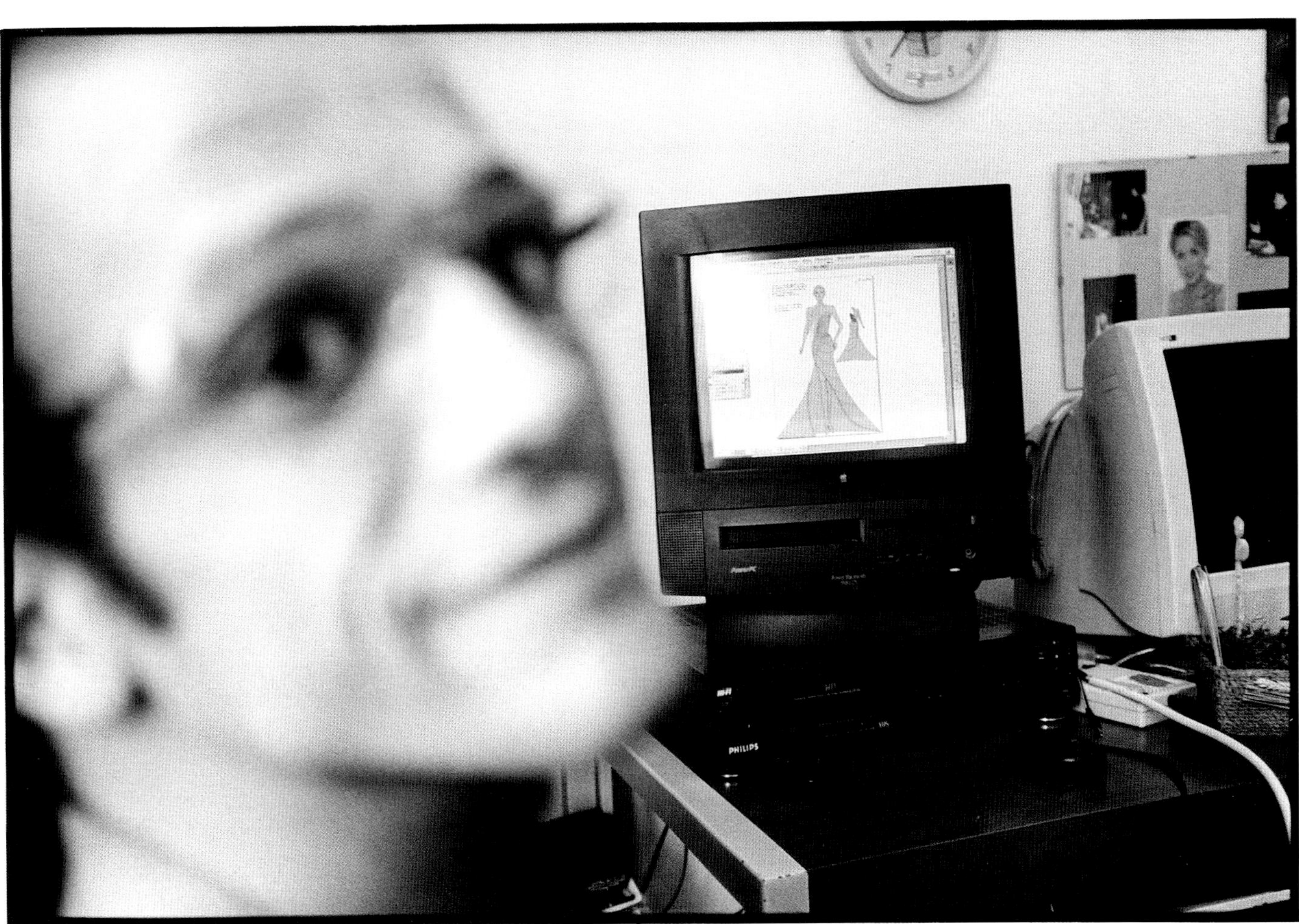

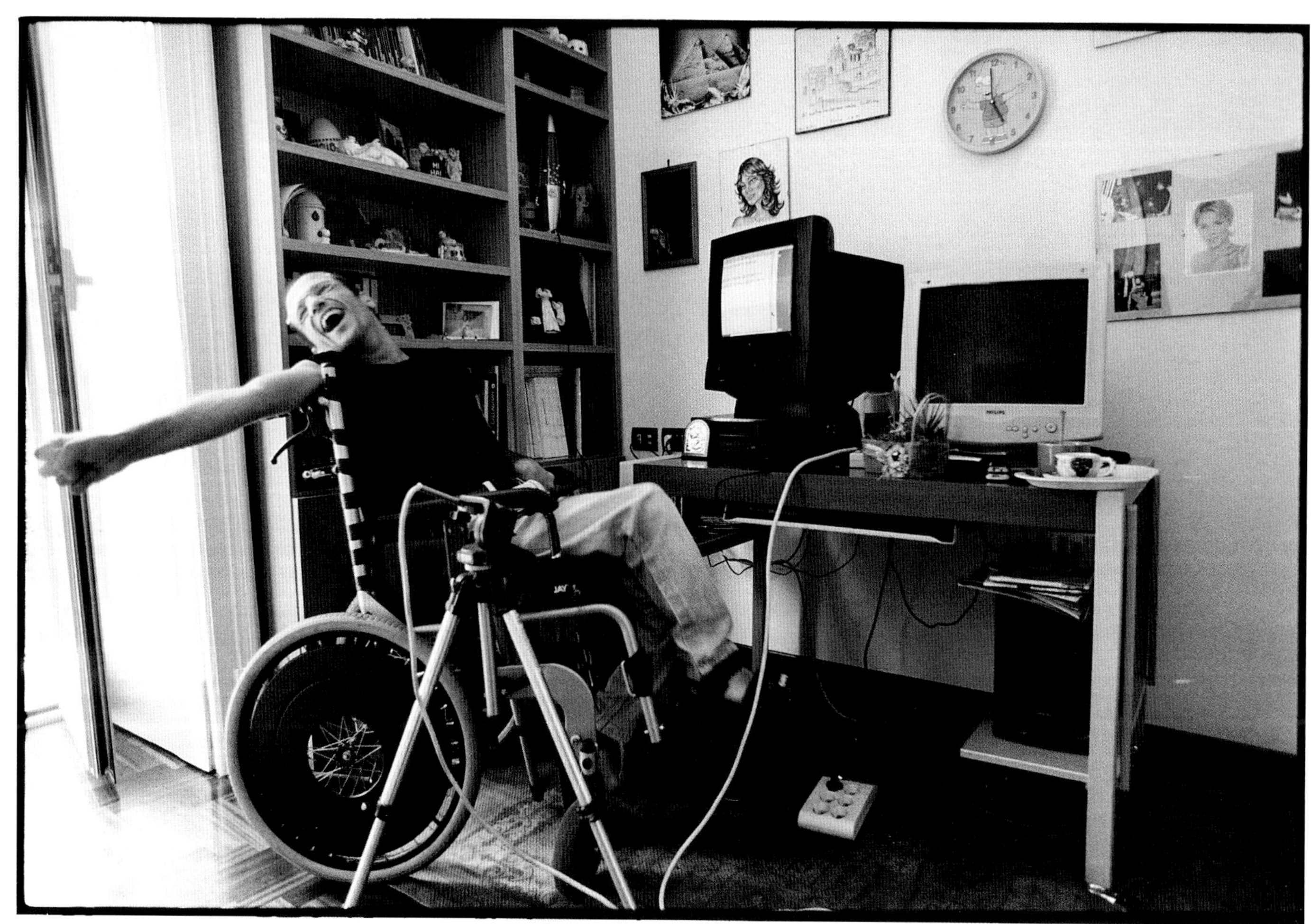

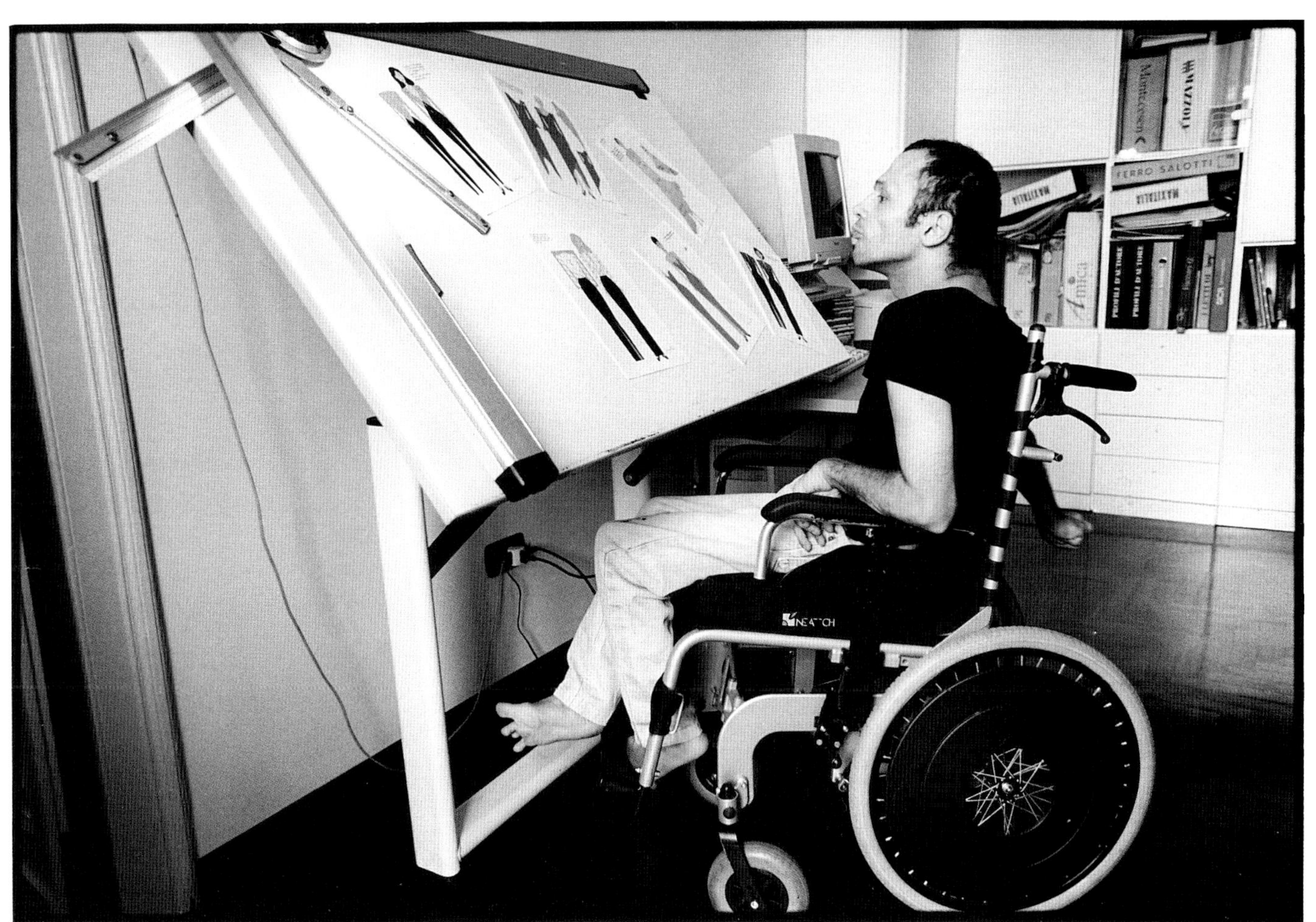

Riccione, Centro Sportivo Marine Club. Devis De Virgilio skis, bikes and races jet skis. He lost his right lower limb in a motorcycle accident in 1991 at the age of eighteen. After thirteen hours of surgery, the doctors decided to amputate his leg. Today he lives in Varese, manages a bar and tobacco shop, is married to Sonia and has a nine-year-old son named Daniel.

Riccione, Centro Sportivo Marine Club. Devis De Virgilio scia, va in bicicletta e corre in moto ad acqua. Ha perso l'arto inferiore destro in seguito a un incidente in moto nel 1991 all'età di 18 anni. Dopo 13 ore di operazione i medici hanno deciso di amputargli la gamba. Ora vive a Varese, gestisce un bar tabacchi, è sposato con Sonia, ha un bimbo di nome Daniel di 9 anni.

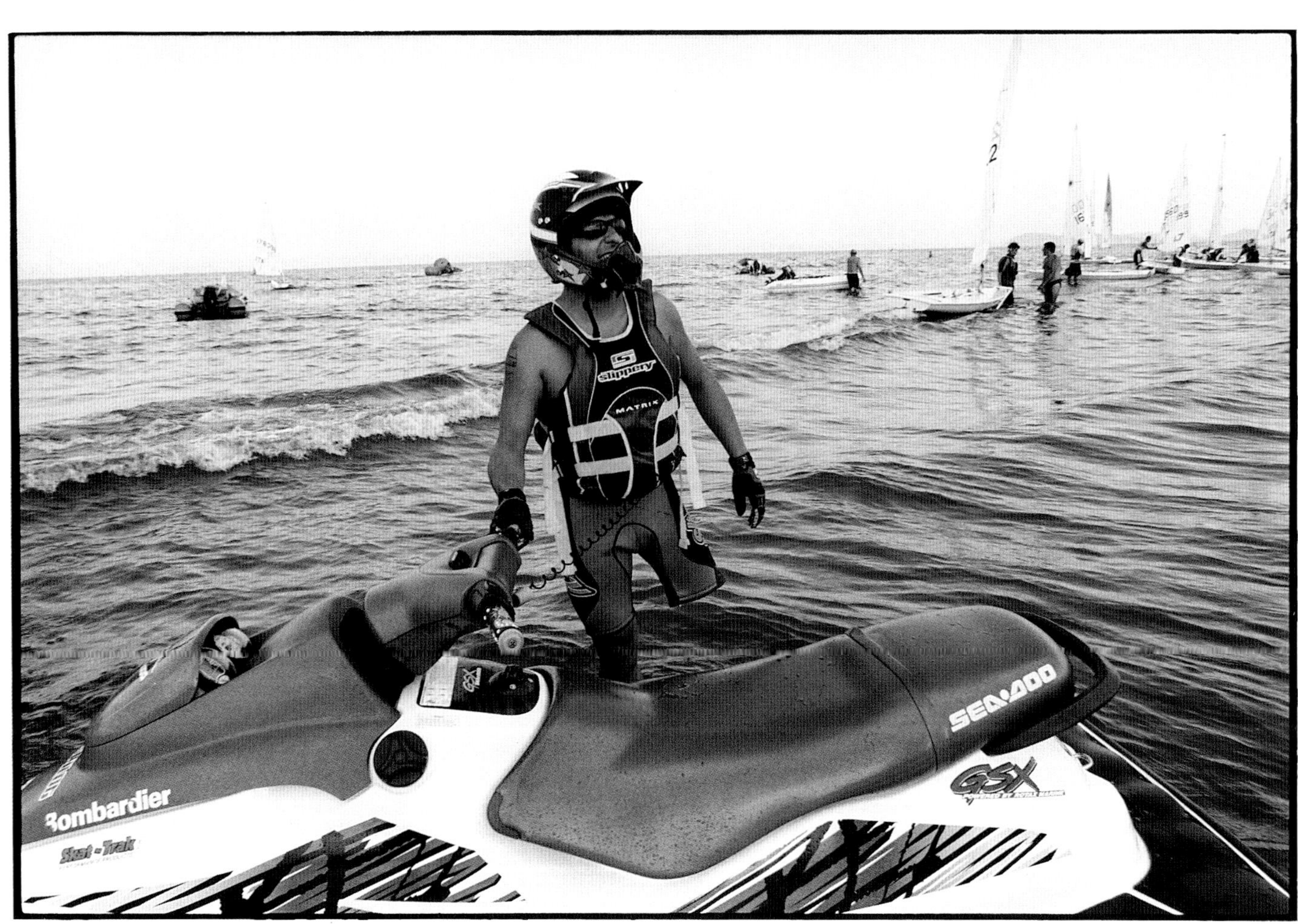

Cassino, Frosinone.
Mohamed San Ali. "Sport Disabili In Piazza" is a traveling event with five venues—Rome, Tarquinia, Rieti, Aprilia and Cassino—and is promoted by Fisd, the Federazione Italiana Sport Disabili and by the Politiche Sociali of the Lazio Region. It promotes athletics for the disabled in Italian piazzas, demonstrating that physical diversity in athletics is merely a parameter for establishing the rules of the game.

Cassino, Frosinone.
Mohamed San Ali. *Sport Disabili In Piazza* è una manifestazione itinerante in 5 tappe – Roma, Tarquinia, Rieti, Aprilia e Cassino – promossa dal Fisd, Federazione Italiana Sport Disabili e dalle Politiche Sociali della Regione Lazio. Promuove lo sport per disabili nelle piazze italiane, dimostrando che la diversità fisica è nello sport solo un parametro per stabilire le regole del gioco.

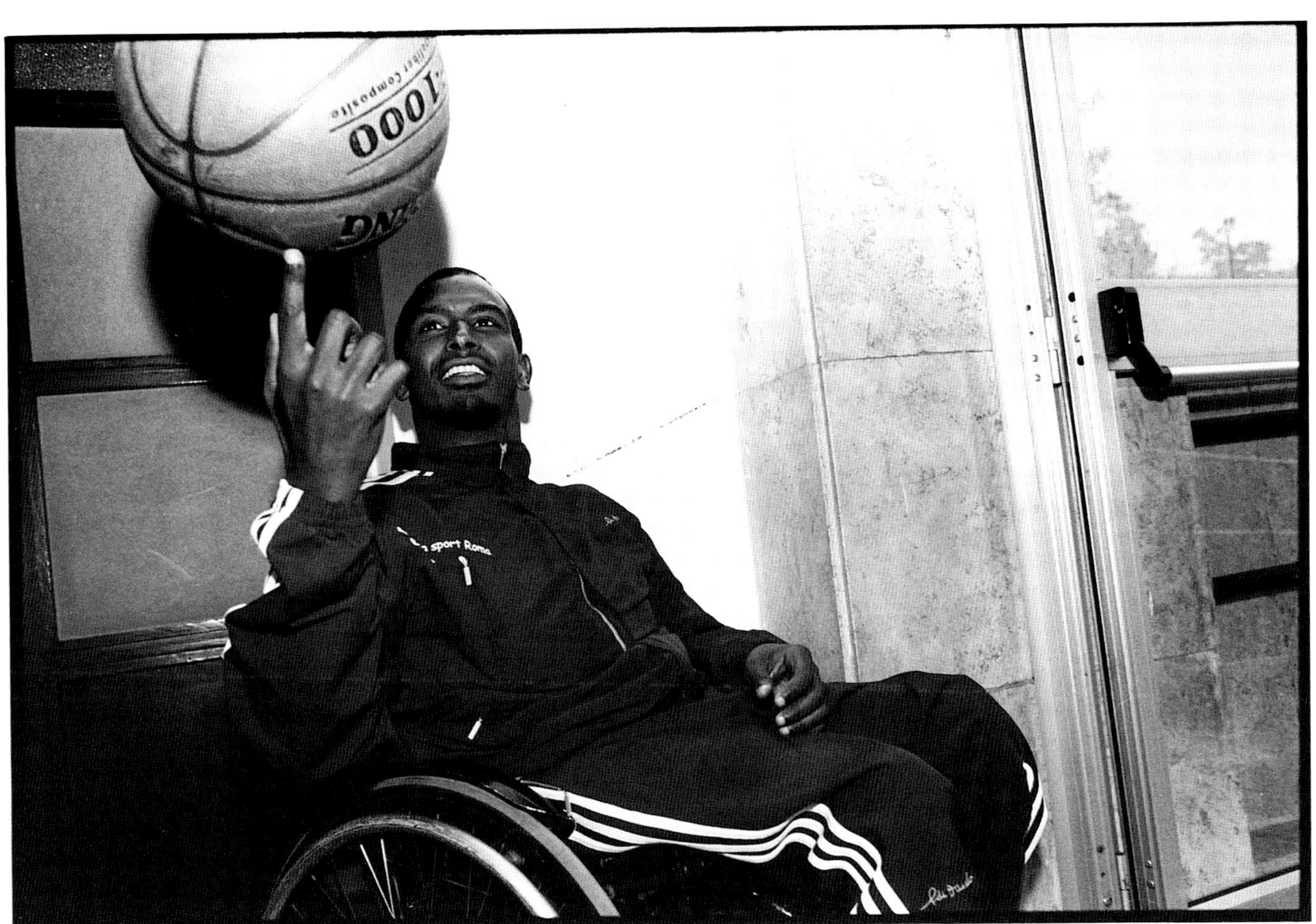

Ravenna. Parco Giochi di Mirabilandia.
Young people from the association
Handicap: Su la Testa! The association
was founded by a group of Milanese
students in 1988 under the name C.R.H.,
Centro Ricreativo Handicappati.

pp. 90, 91
Ravenna. Parco Giochi di Mirabilandia.
Ragazzi dell'associazione Handicap:
Su la Testa!, fondata da un gruppo
di studenti milanesi nel 1988 con il
nome di C.R.H., Centro Ricreativo
Handicappati.

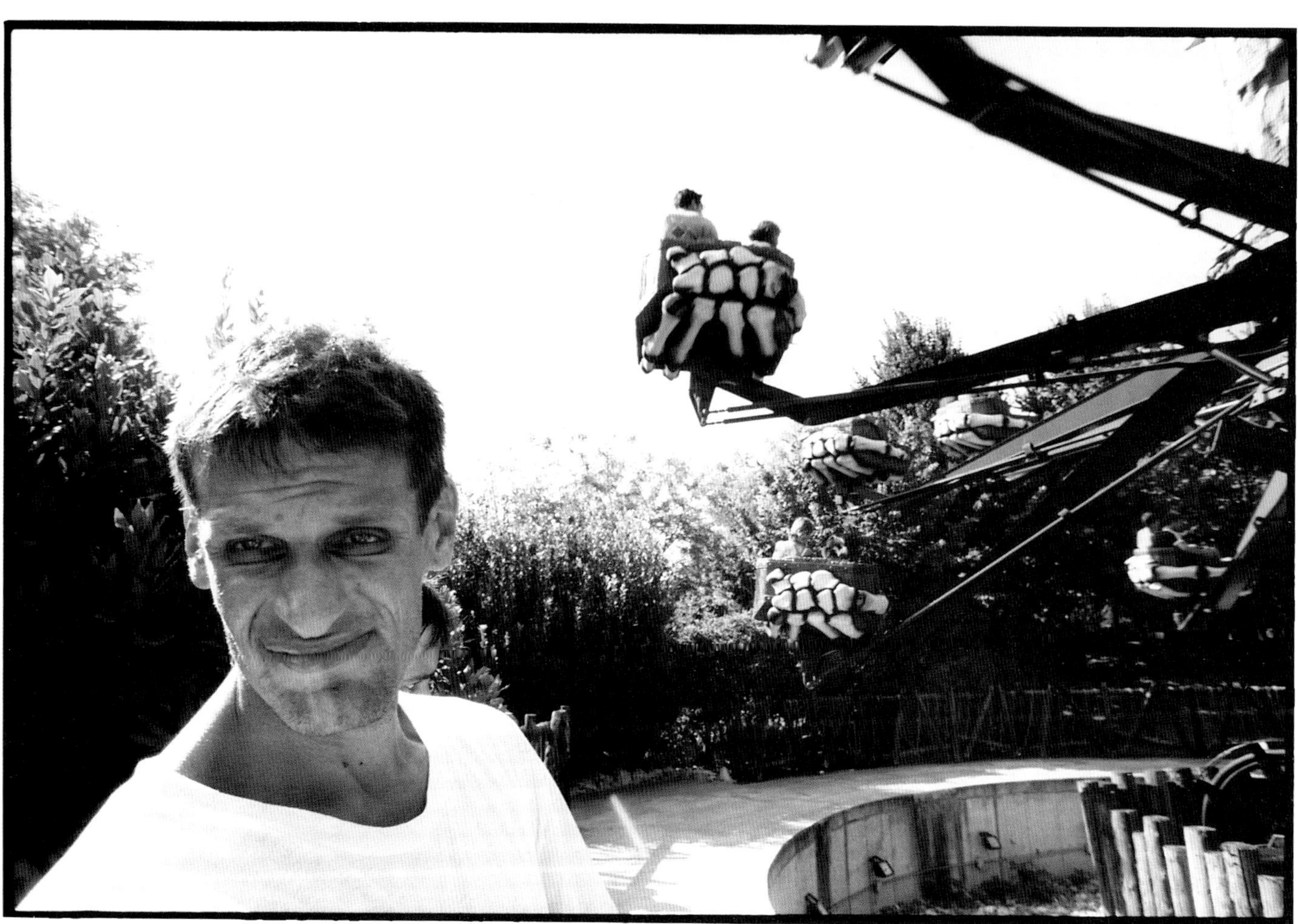

After five years of intense activity, and thanks to the recognition of the award "Premio Bontà Motta - Notte di Natale 1992" and to the success of the benefit in which artists from the television program *Su La Testa!* participated, the association was established in December 1993 under the name Handicap: Su La Testa!

Dopo cinque anni di intensa attività, grazie all'assegnazione del *Premio Bontà Motta - Notte di Natale 1992* e al successo della serata di beneficenza cui hanno partecipato gli artisti del programma televisivo *Su La Testa!*, si è costituita nel dicembre 1993, con il nome di Handicap: Su La Testa !

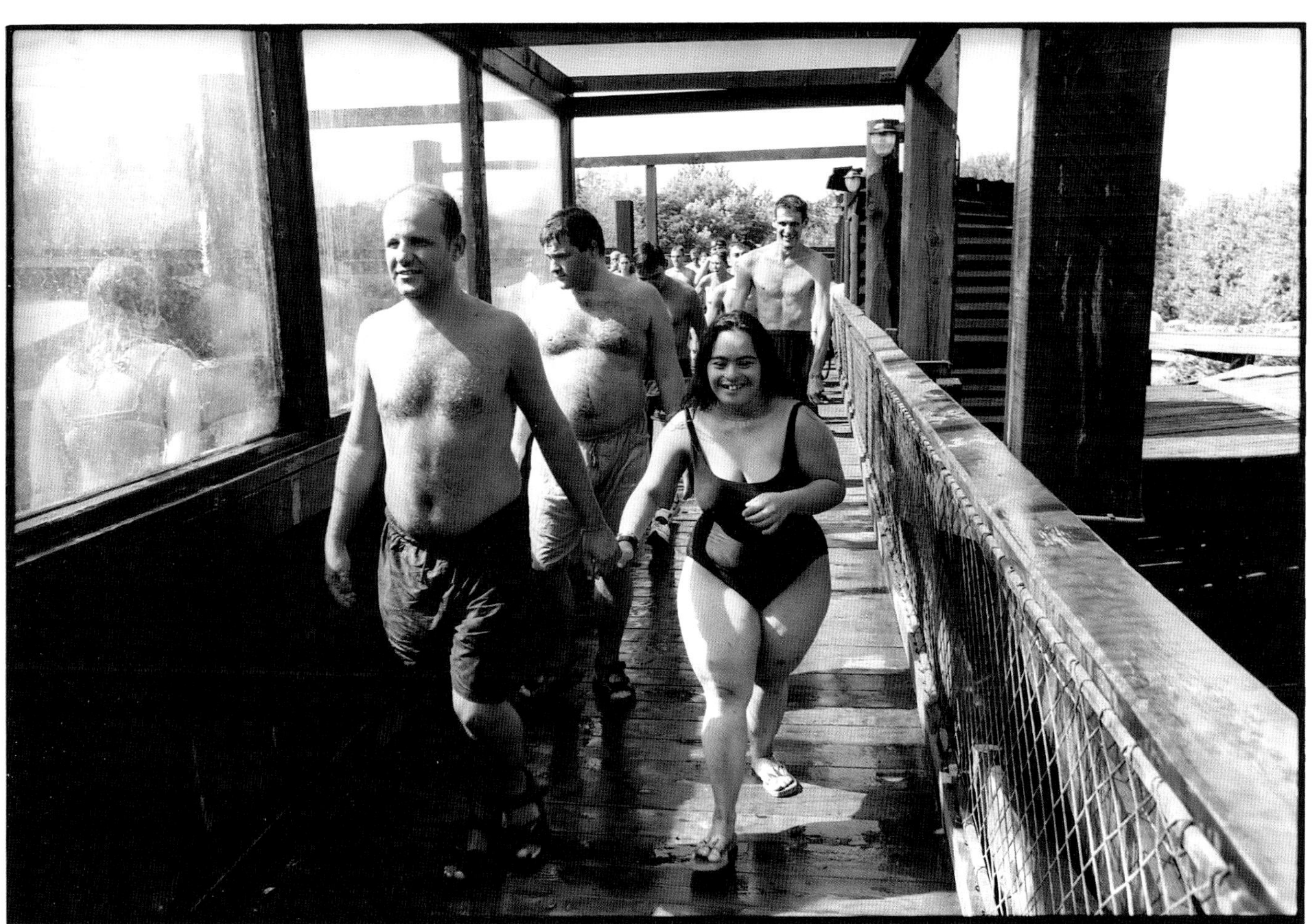

Viserba, Rimini. Sol et Salus.
Rehabilitation laboratory: analyses with
the *E.Li.Te* – Dr. Davide Mazzoli system.
Patients at the clinic undergo an exam
with the "Elite" system, an advanced
technology that allows the study
of posture and movement through
the manipulation of television images
and special sensors placed on the
patients' bodies.

pp. 92, 93
Viserba, Rimini. Sol et Salus.
Laboratorio di riabilitazione: analisi con
sistema *E.Li.Te* – Dott. Davide Mazzoli.
Un paziente della clinica si sottopone
a un esame con il sistema *Elite*,
avanzata tecnologia che permette
lo studio della postura e della
deambulazione tramite l'elaborazione
di immagini televisive e speciali sensori
posti sul corpo del paziente.

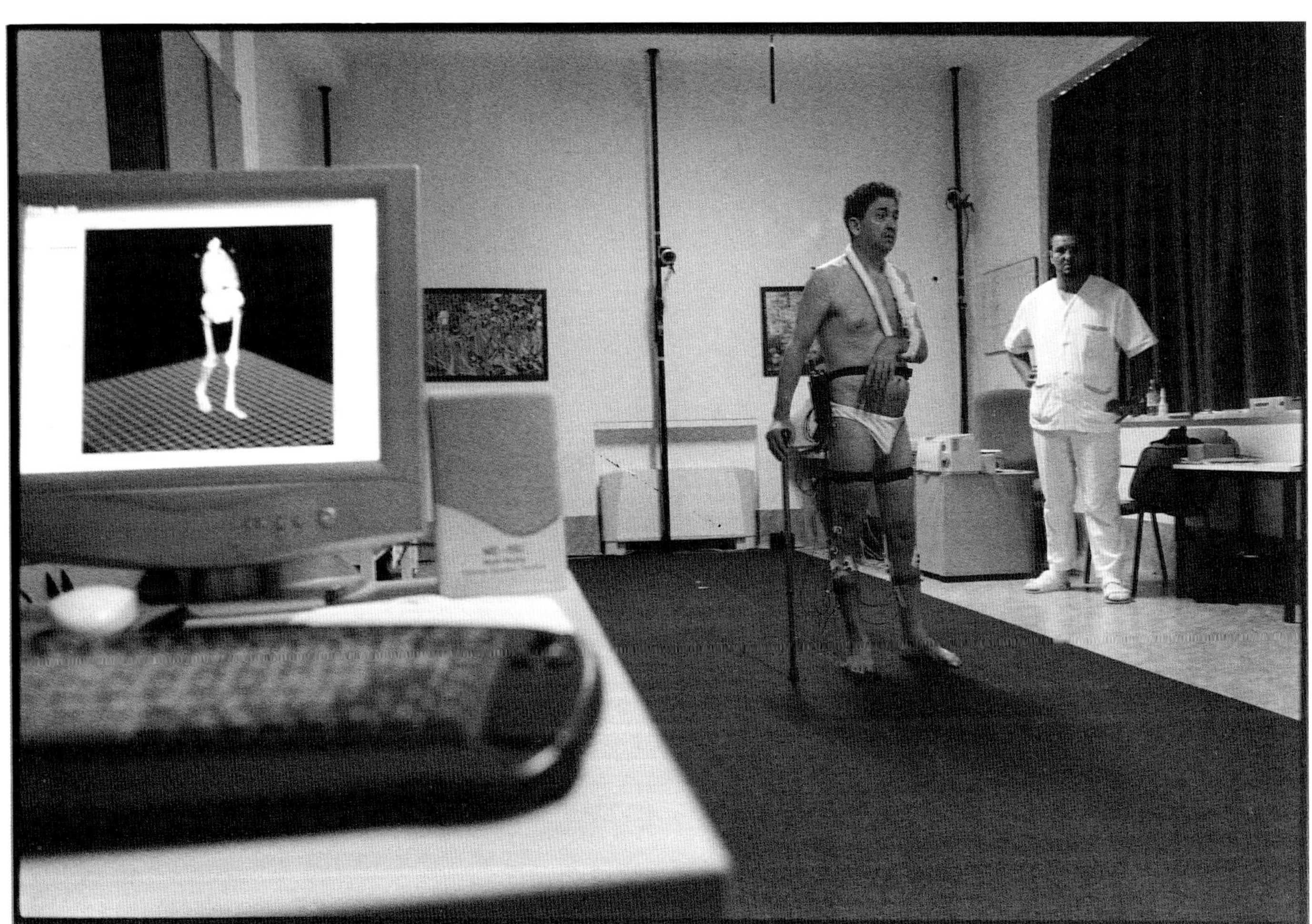

The system identifies in numeric form the position in space of the markers placed on the appointed points of the body. A series of cameras set up on the laboratory walls project infrared rays and record the images reflected by the markers. The image is then processed by a computer able to reconstruct mathematically the position of body segments in the three-dimensional space of the laboratory.

Il sistema individua, in forma numerica, la posizione nello spazio di appositi riferimenti (marker) posti su determinati punti del corpo. Una serie di telecamere posizionate alle pareti del laboratorio, proietta raggi infrarossi e registra l'immagine riflessa dai marker. L'immagine viene poi elaborata da un computer in grado di ricostruire matematicamente la posizione dei segmenti corporei nello spazio tridimensionale del laboratorio.

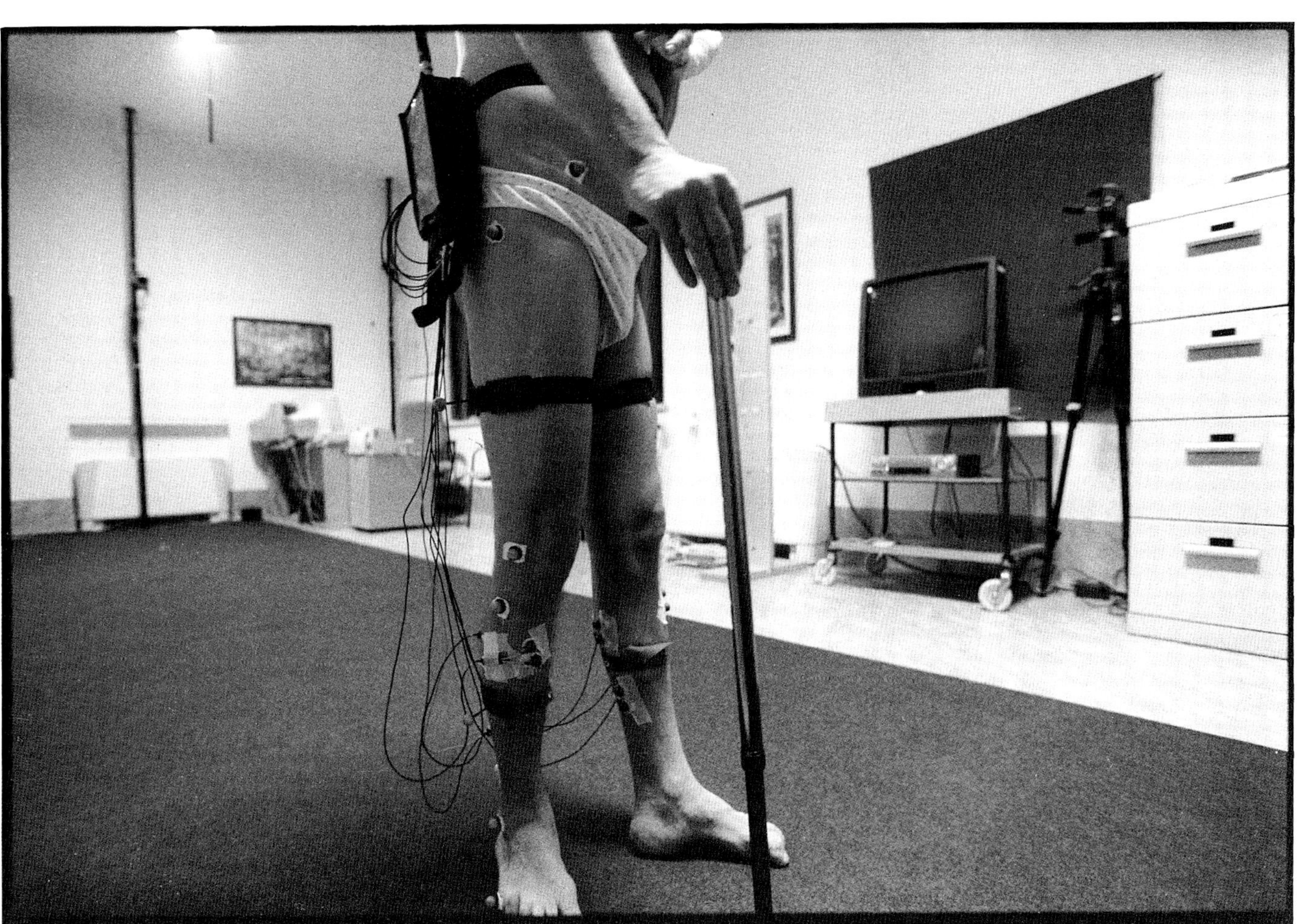

Vigorso di Budrio, Bologna.
INAIL Prosthesis Center. Rehabilitation
ward where the most up-to-date and
sophisticated methods of personalized
rehabilitation are used for those who
have lost upper and lower limbs.

pp. 94, 95
Vigorso di Budrio, Bologna.
Centro protesi INAIL. Reparto di
riabilitazione nel quale vengono utilizzate
le più recenti e sofisticate metodiche di
riabilitazione personalizzate per coloro che
hanno perso gli arti superiori o inferiori.

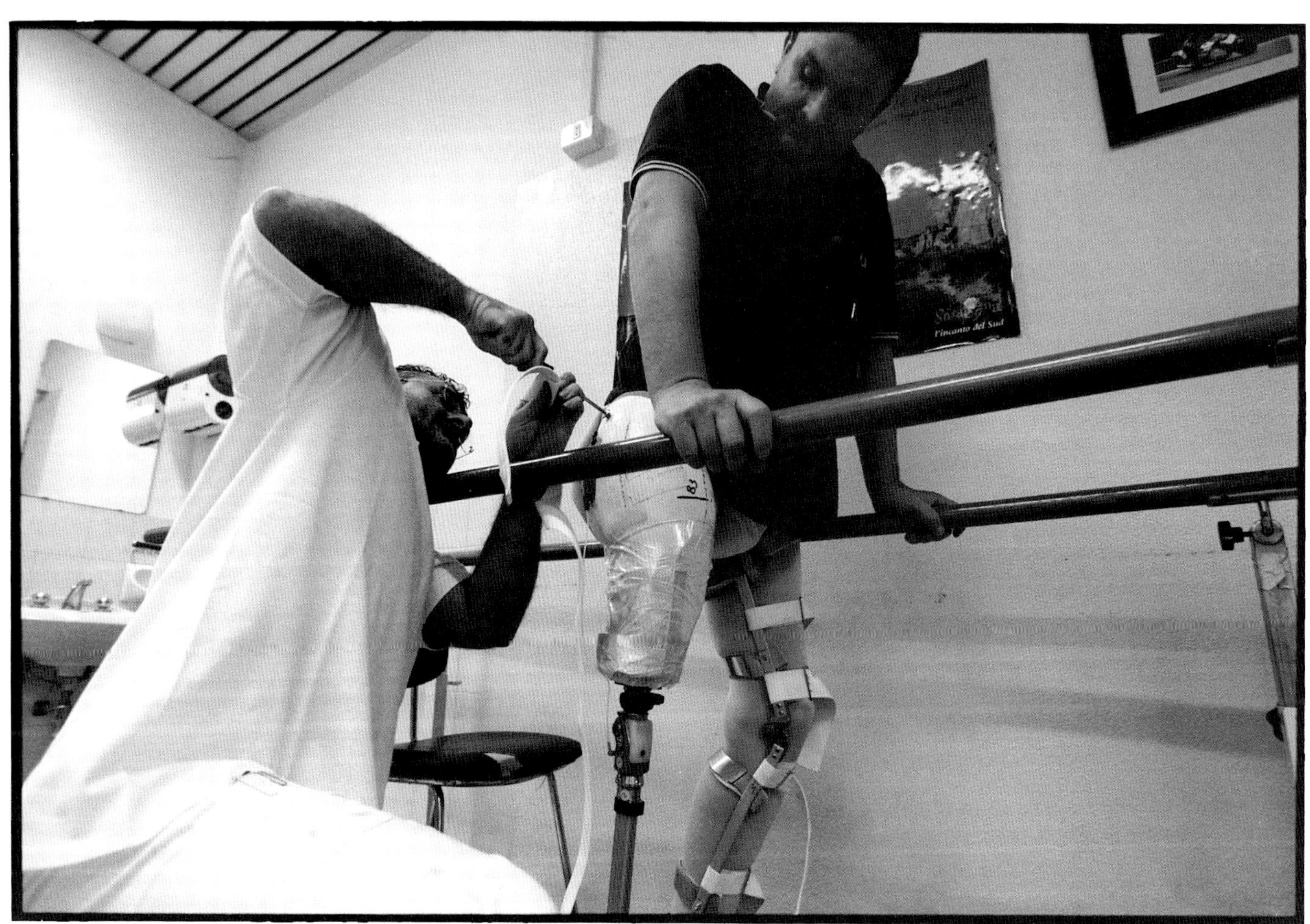

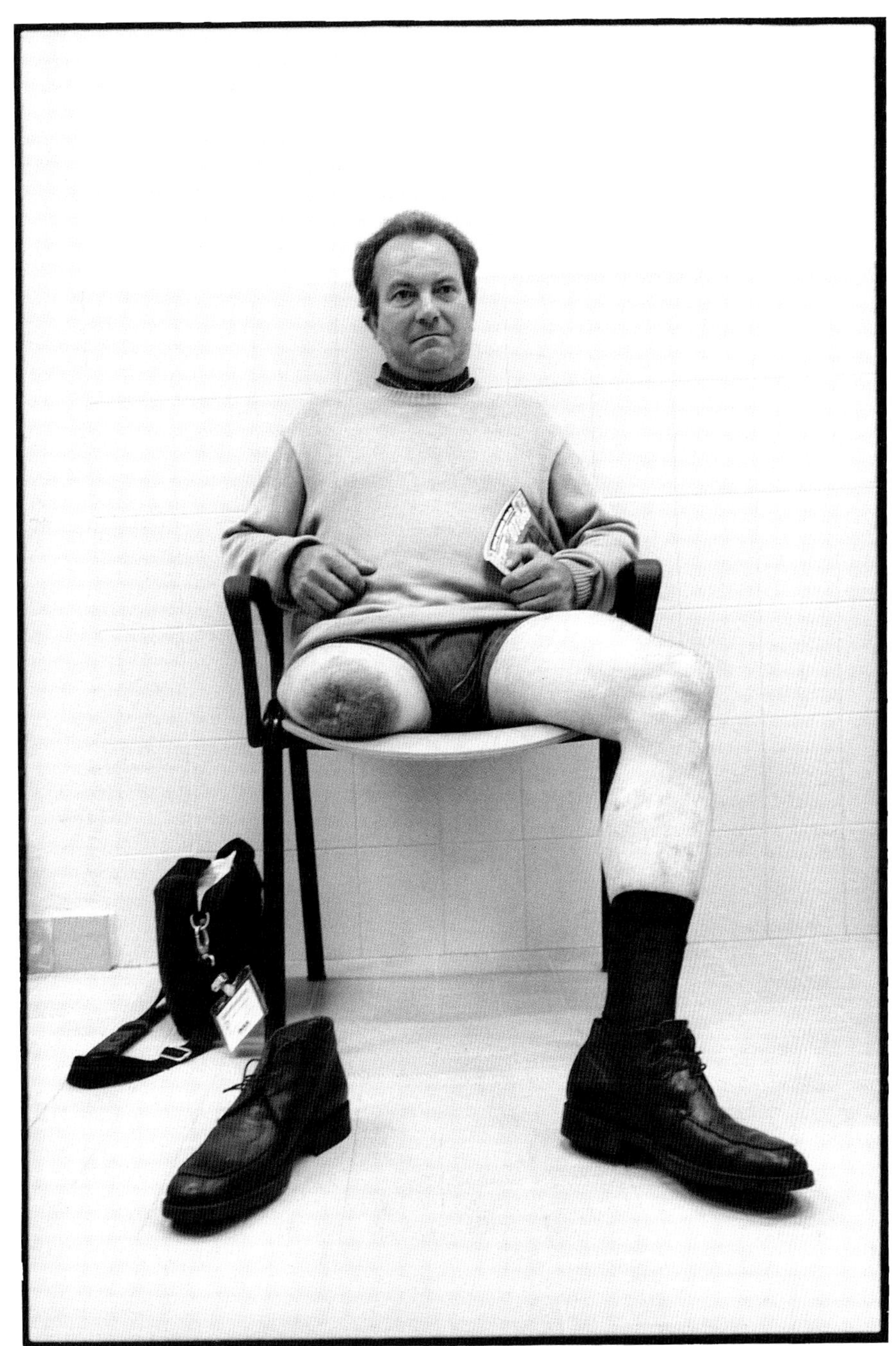

pp. 96, 97

Casnate con Vernate, Como.
Centro Polifunzionale Renato Rossi.
Tennis training.

Casnate con Vernate, Como.
Centro Polifunzionale Renato Rossi.
Allenamenti di tennis.

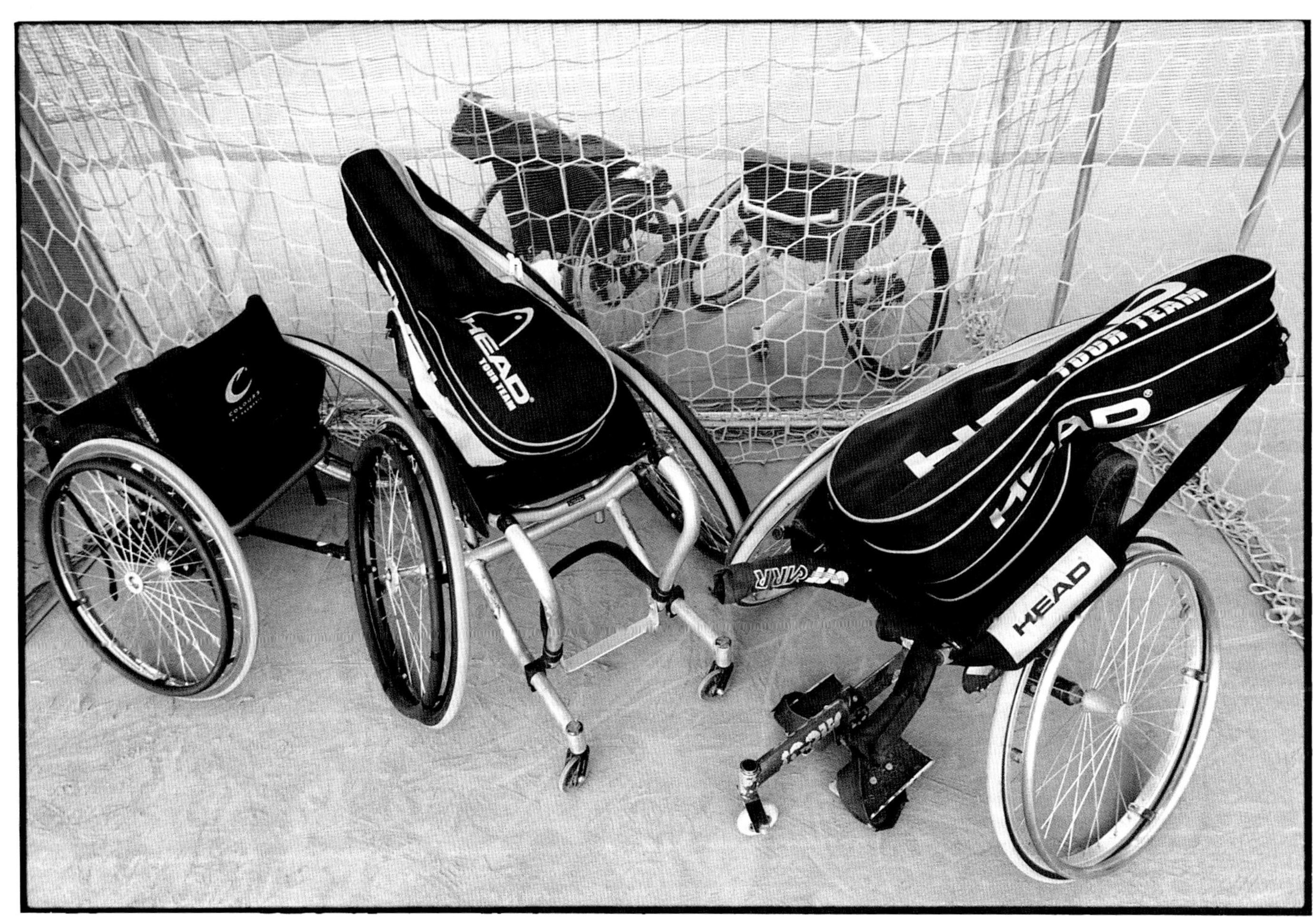

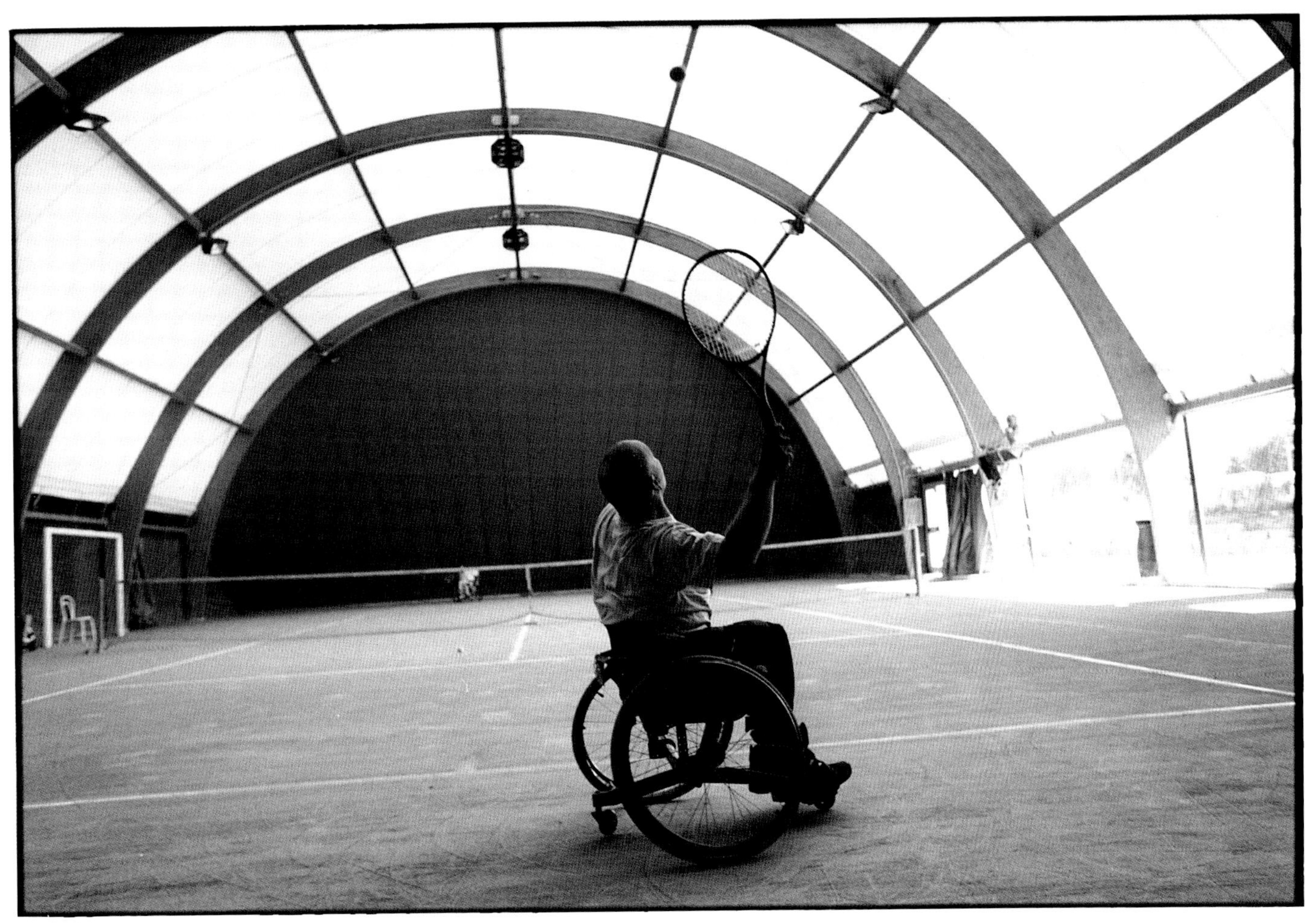

Bellaria di Rimini.
Children from the Associazione
Handicap: Su la Testa! on the beach.

pp. 98-104
Bellaria di Rimini.
Ragazzi dell'Associazione Handicap:
Su la Testa! in spiaggia.

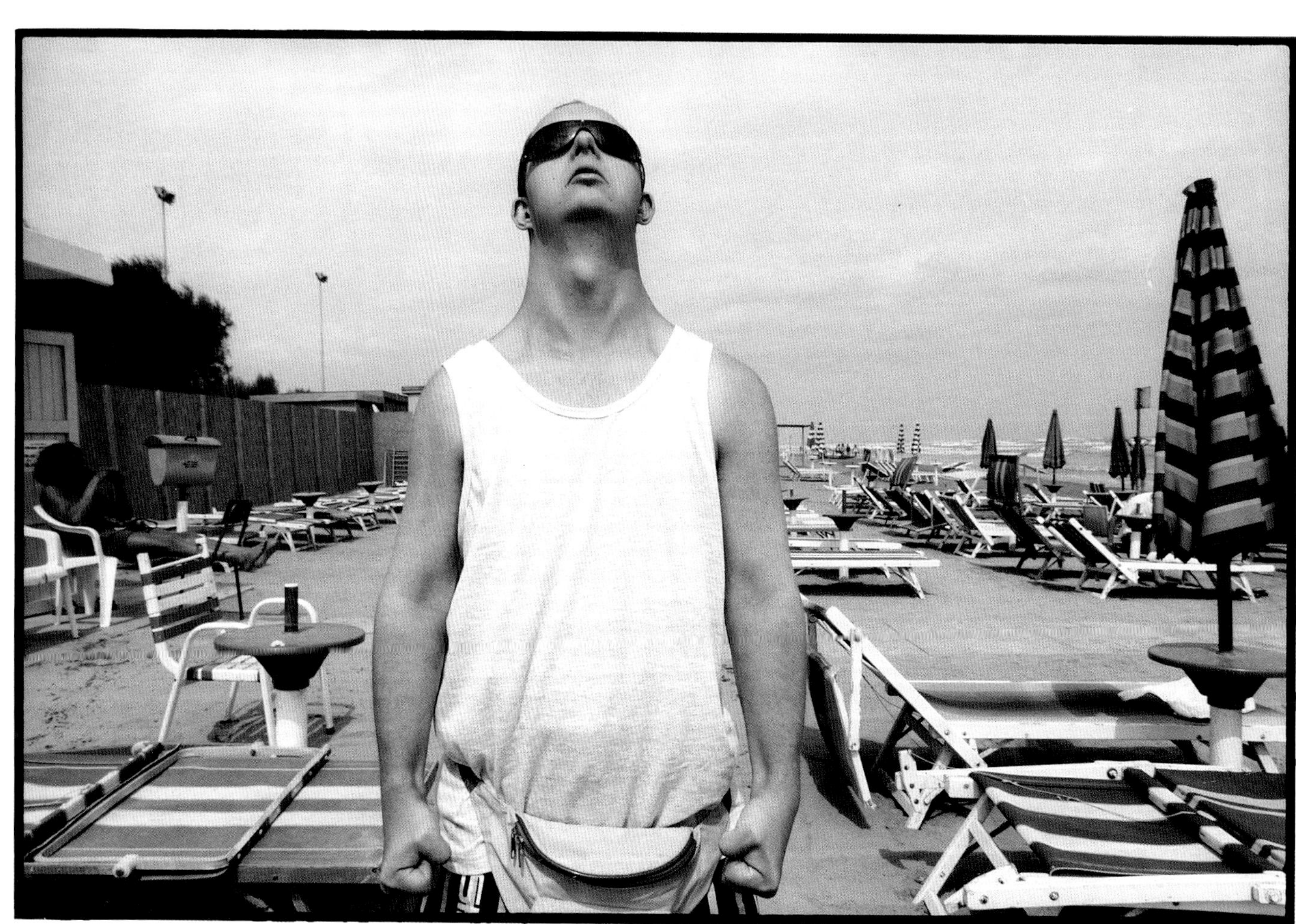

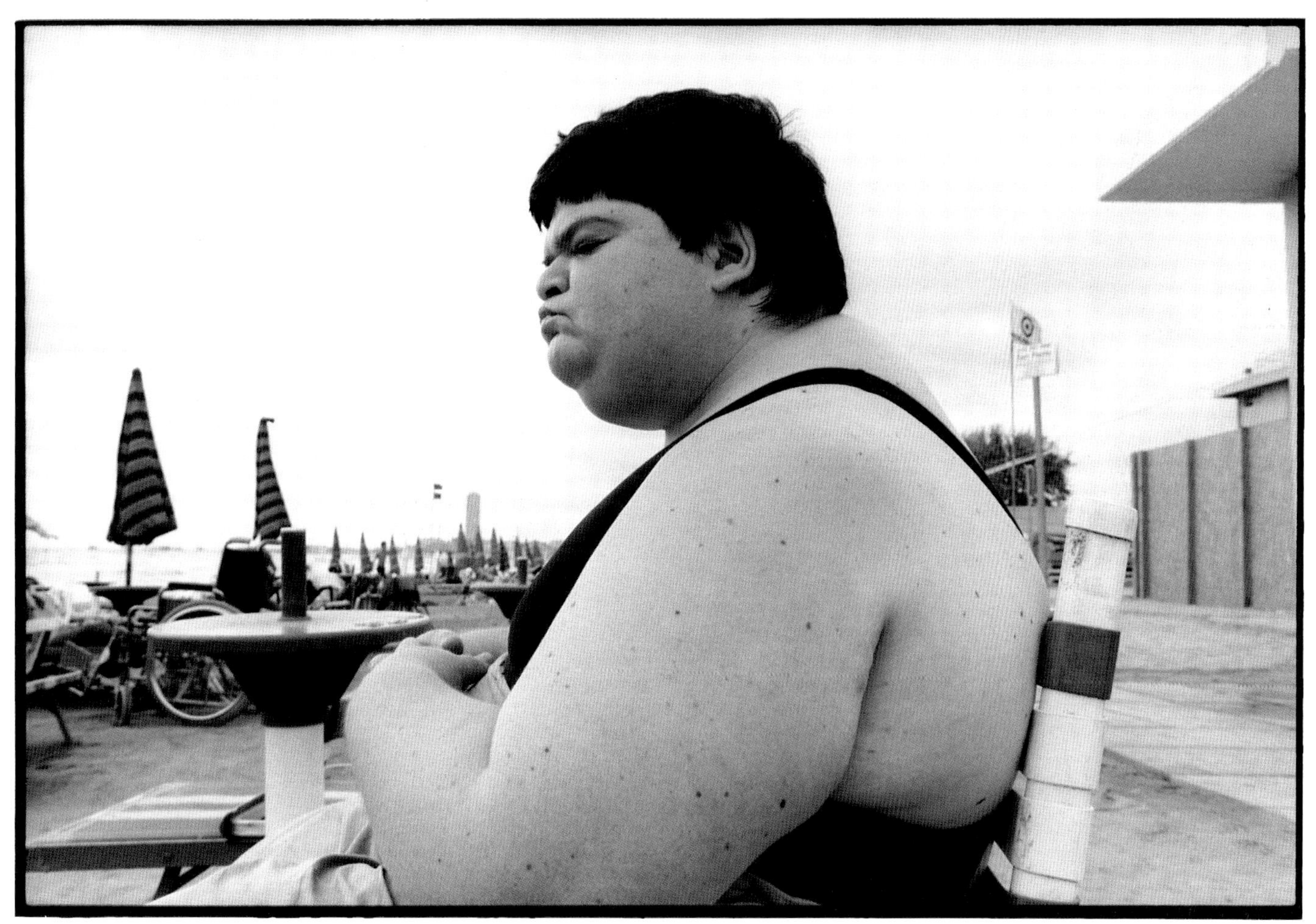

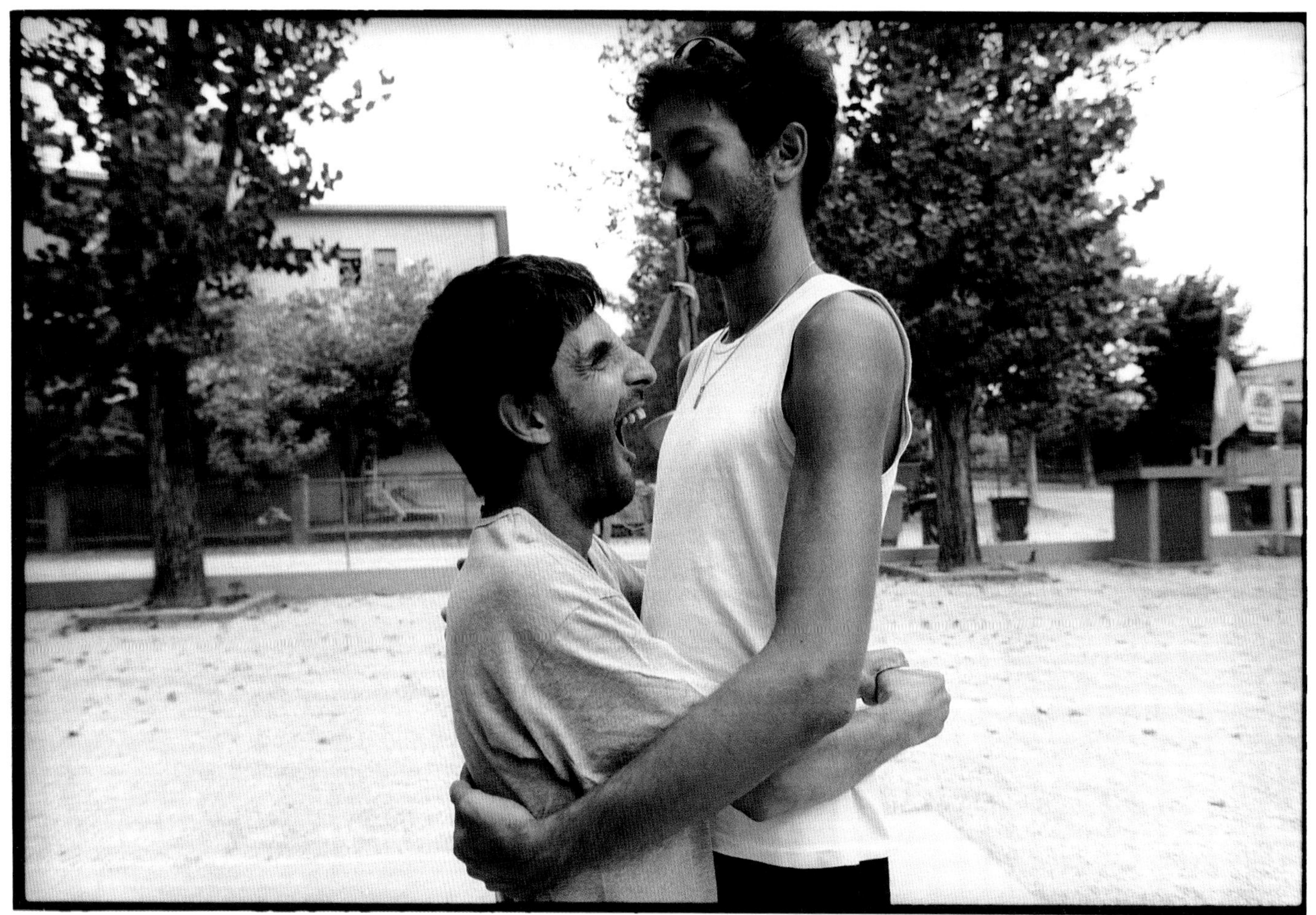

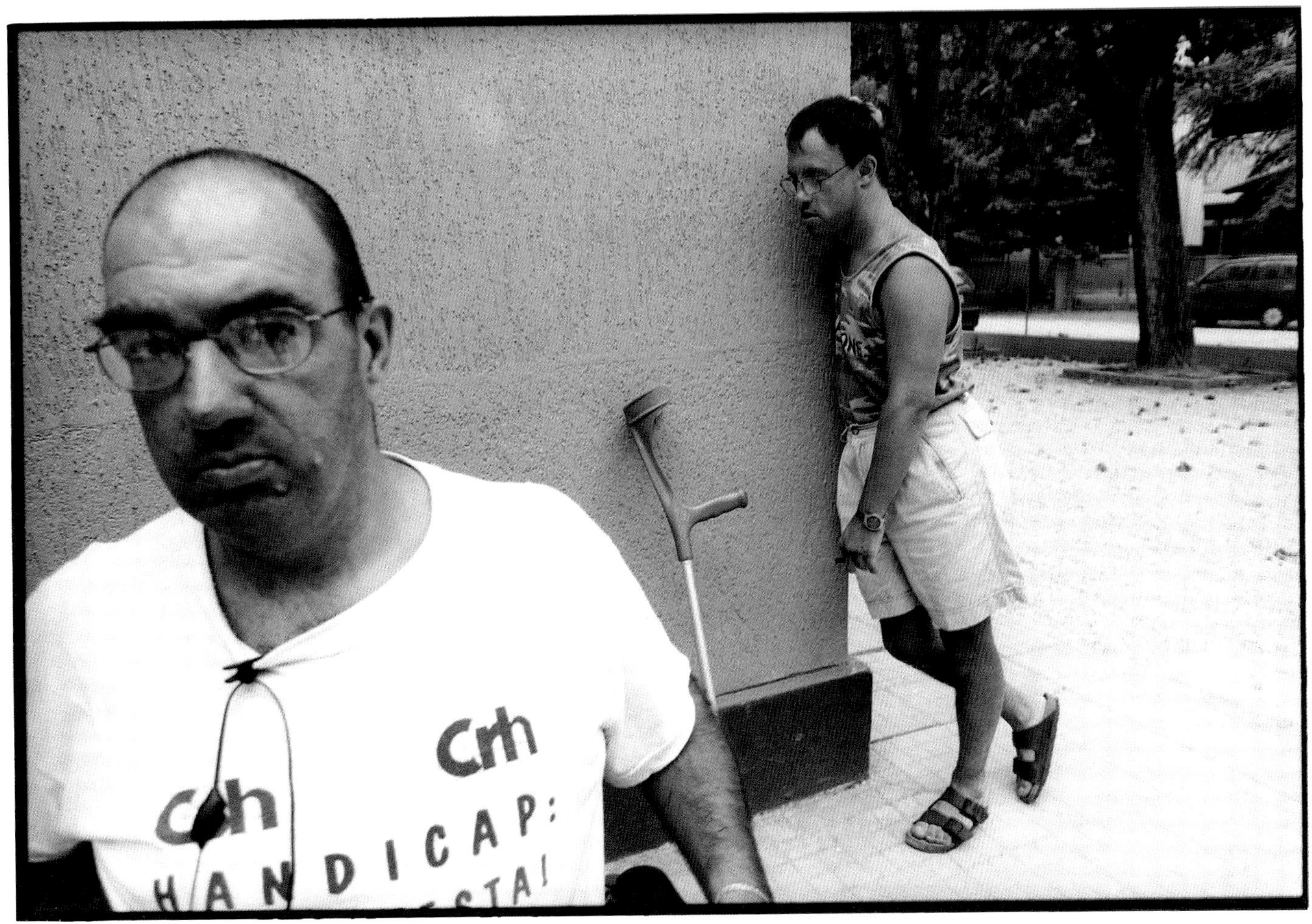
Crh Crh
HANDICAP:

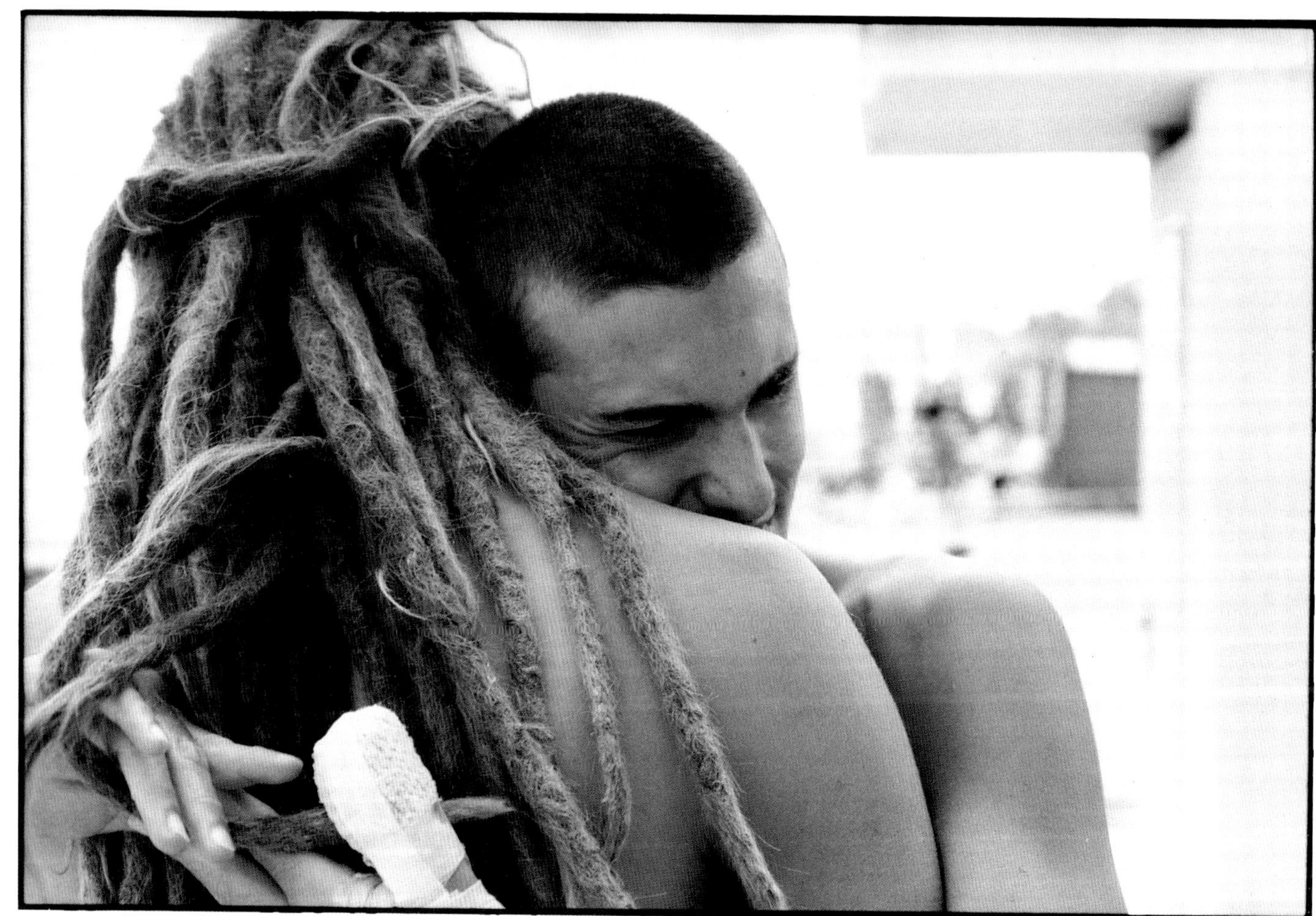

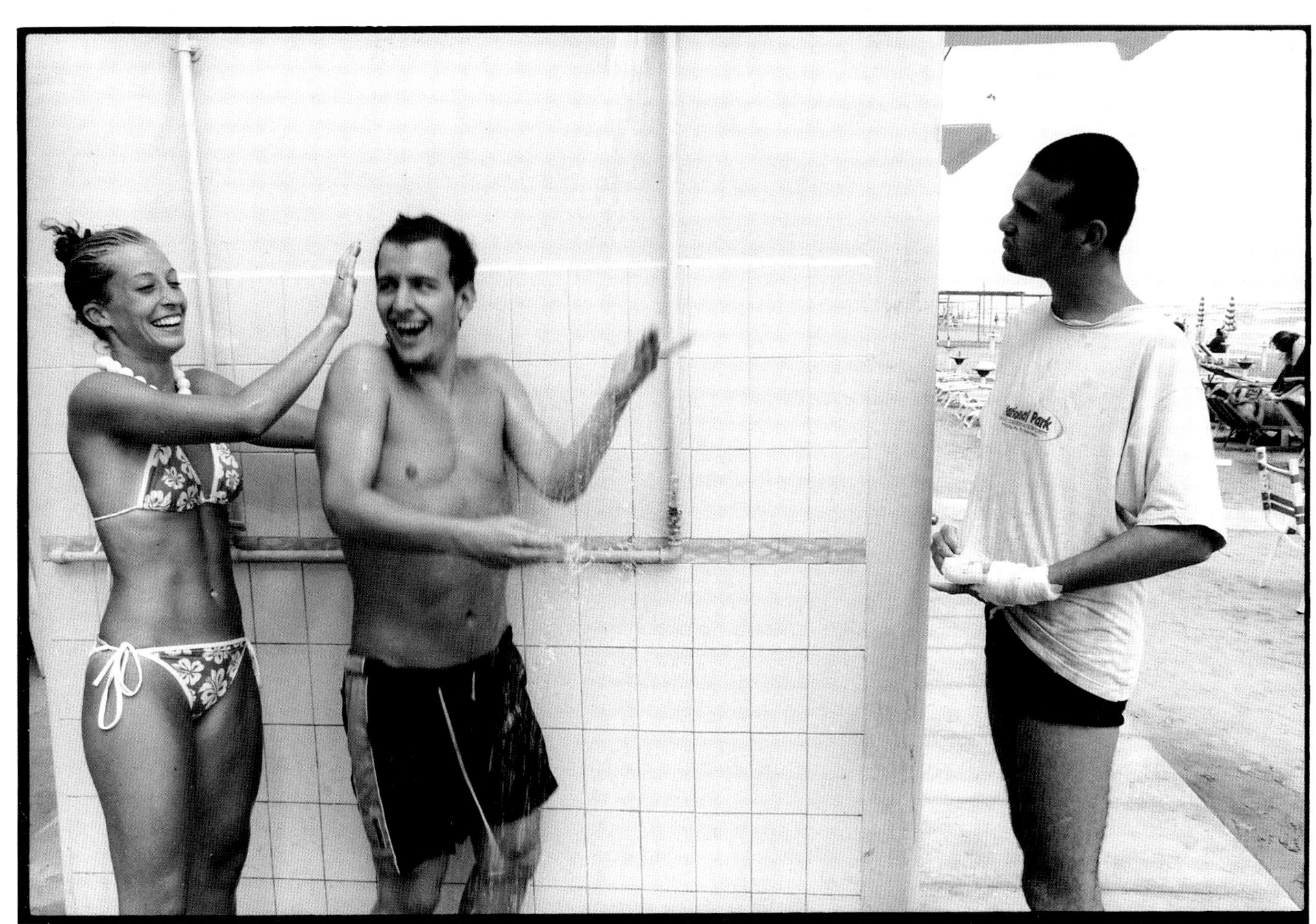

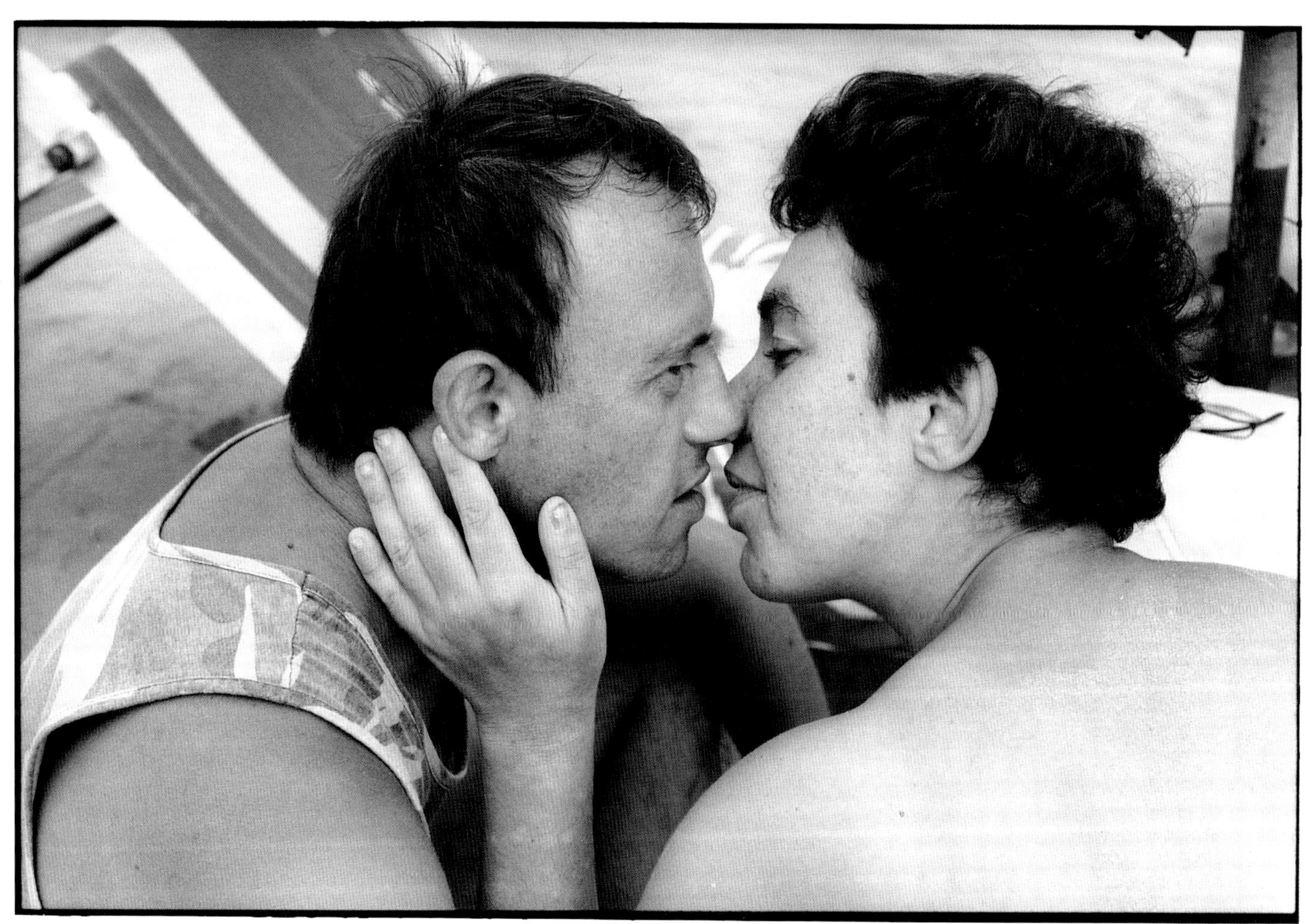

Ponte Nizza, Oltrepo Pavese.
Cascina Rossago, the first farm
community in Italy created by the
Fondazione Genitori per l'Autismo in
collaboration with the Laboratorio
Autismo at the Università di Pavia. It is
an experiential project for autistic
children in a life context adapted to the
characteristics of autism, similar to the
traditional one of the *cascina*, or farm.

Ponte Nizza, Oltrepo Pavese.
Cascina Rossago, la prima farm
community in Italia realizzata dalla
Fondazione Genitori per l'Autismo in
collaborazione con il Laboratorio
Autismo dell'Università di Pavia. È un
progetto esistenziale per ragazzi
autistici in un contesto di vita adatto
alle caratteristiche dell'autismo, vicino
a quello tradizionale delle "cascine".

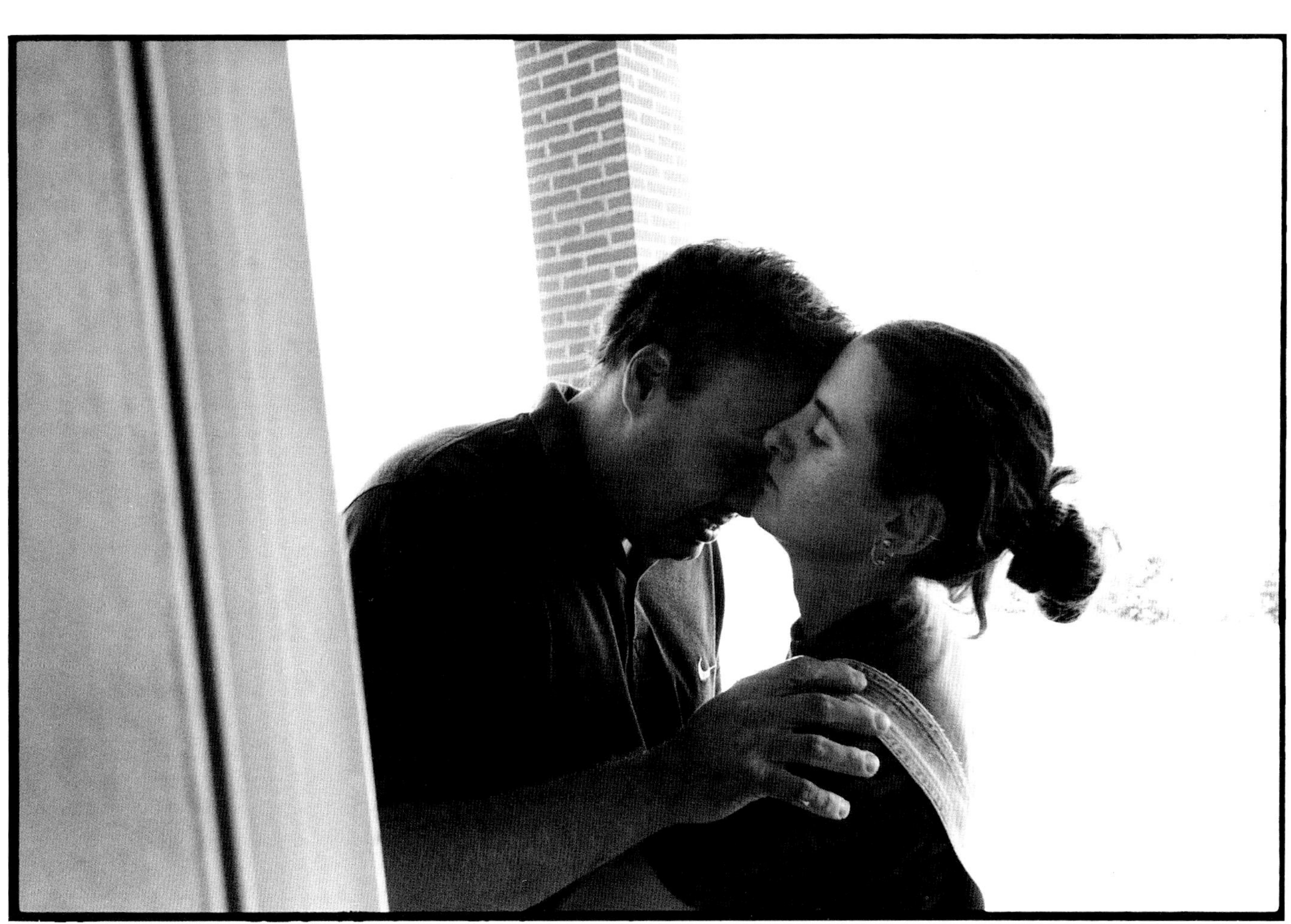

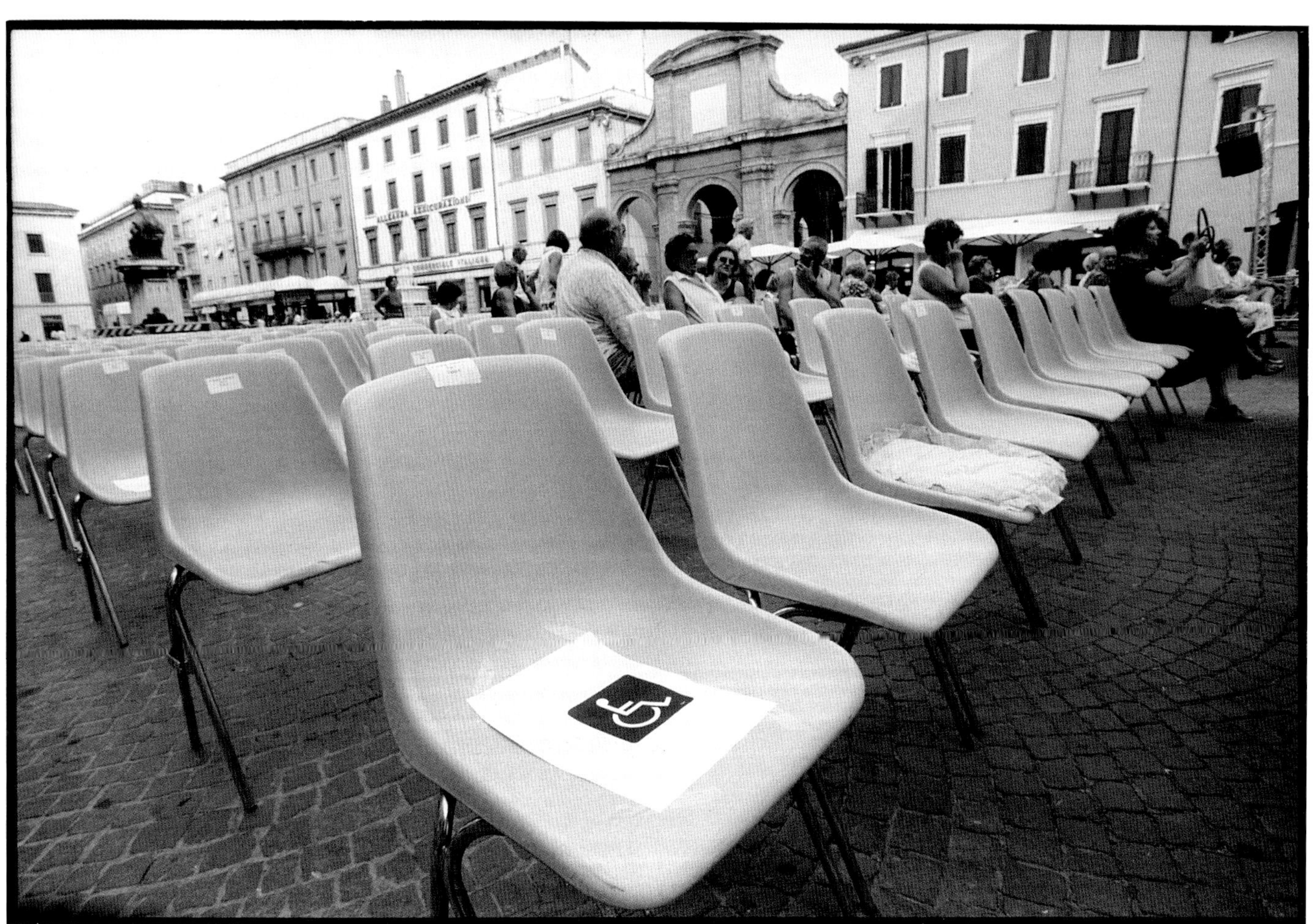

Renata Pisu
Dopo aver studiato in Cina ed essere stata corrispondente da Tokio,
è attualmente inviato dai paesi dell'estremo Oriente e dall'ex Unione
Sovietica per il quotidiano "La Repubblica".
*After studying in China and working as a journalist in Tokyo, she is
currently a correspondent in the Far East and the former Soviet Union
for the daily newspaper* La Repubblica.

Maria Cristina Didero
Curatore free lance, laureata a Bologna in Lettere e Filosofia, si occupa
di fotografia e design. Lavora per Vitra Design Museum.
*An independent curator and graduate of Bologna University in
Literature and Philosophy, she specializes in photography and design.
She currently works for the Vitra Design Museum.*

Ugo Panella
Da molti anni si occupa di tematiche sociali e politiche. I suoi reportage
raccontano le difficoltà di vita e le violenze nelle zone più povere del
mondo. I bambini amputati della Sierra Leone e il problema dell'Aids
in India sono stati i suoi ultimi soggetti. Ha pubblicato *I Volti Negati*,
reportage sulle donne acidificate in Bangladesh, realizzato sempre in
collaborazione con Renata Pisu.
*For many years he has engaged social and political themes. His photo
essays recount the hardships and violence in the poorest parts of the
world. His most recent subjects are the child amputees of Sierra Leone
and the problem of AIDs in India. With Renata Pisu he published "I
Volti Negati," a report on women disfigured by acid in Bangladesh.*

Per saperne di più su Charta ed essere
sempre aggiornato sulle novità entra in

To find out more about Charta, and to learn
about our most recent publications, visit

www.chartaartbooks.it

Finito di stampare nel novembre 2003
da Leva spa, Sesto San Giovanni
per conto di Edizioni Charta